Le petit mercure

Collection créée par Colline Faure-Poirée

Françoise Dolto
Danielle Marie Lévy

Parler juste aux enfants

Entretiens

Mercure de France

ISBN 978-2-7152-2370-7

PRÉFACE

J'ai partagé, avec d'autres psychanalystes et psychologues, le privilège d'assister en qualité d'observateur aux consultations que Françoise Dolto faisait à l'hôpital Trousseau, un hôpital pour enfants où elle a exercé dans le secteur de psychopathologie de 1940 à 1978. À ces consultations, qui se déroulaient le mardi matin de neuf heures à quinze heures presque sans interruption, les parents qui accompagnaient leur enfant l'interrogeaient avec anxiété, certes, sur le symptôme de l'enfant mais aussi avec candeur sur des questions de vie quotidienne. Le ton qu'elle avait en outre donné aux émissions de radio[1] *dans lesquelles elle répondait à quelques-unes des lettres qu'elle recevait par milliers autorisait chez ses interlocuteurs une familiarité du questionnement.*

1. Il s'agit de l'émission *Lorsque l'enfant paraît*, diffusée sur France Inter en 1976 et 1977. Les éditions du Seuil ont publié une partie des réponses de F. Dolto aux lettres qu'elle recevait des parents. *Lorsque l'enfant paraît*, tomes 1, 2, 3, Le Seuil, 1977, 1978, 1979 ; tomes 1, 2, 3 reliés, Le Seuil, 1990.

Les entretiens qui suivent développent, en marge de cette consultation, quelques questions qui ont pu y être abordées. La plupart ont fait l'objet d'enregistrements télévisés diffusés par le Centre national de documentation pédagogique (CNDP) entre 1977 et 1981. Dans ces entretiens espacés dans le temps (le dernier date de 1988), on retrouvera, concernant la relation à l'enfant, les idées-forces que, sa vie durant, Françoise Dolto aura développées. Entre autres : le pouvoir des mots avec la nécessité de dire vrai et juste, de nommer afin d'ouvrir à la représentation symbolique du monde, et l'impératif de formuler et de se soumettre à l'interdit de l'inceste qui, par la mise à distance des corps, permet d'accéder au langage et contribue à distinguer désir et besoin.

Si ces propos ne sont pas explicitement référencés à la théorie psychanalytique, ils sont nourris de l'expérience de la psychanalyste et révèlent le souci pédagogique (expliquer et transmettre) de celle qui, petite fille, avait inventé le métier qu'elle ferait un jour : « médecin d'éducation[1] ». Non pas tant pour éduquer les enfants que pour « aider les parents à éduquer leurs enfants, à les comprendre[2] ».

Comme ces entretiens n'étaient pas, à l'origine,

1. « Je me rappelle très bien que, la première fois que je l'ai dit, j'ai été épatée [...] De l'avoir dit m'a vraiment fait être : à partir de là, je savais ce que j'étais », Françoise Dolto, *Autoportrait d'une psychanalyste, 1934-1988*, Le Seuil, 1989, p. 48.
2. *Ibid.*, p. 48.

destinés à la publication, s'est posé le problème de la langue orale pratiquée par F. Dolto. Afin de ne pas altérer les propos, il a été décidé de conserver cette syntaxe et cette prosodie particulières où, de phrase en phrase, la réflexion se précise et s'enrichit, et cette « véhémence messagère[1] » où les familiers, bien que privés des intonations, reconnaîtront et retrouveront une voix.

Danielle Marie Lévy

1. Gérard Guillerault, « Du corps comme identité à l'inconscient comme dynamique : présentation de l'image inconsciente du corps », in *Françoise Dolto, aujourd'hui présente*, actes du colloque de l'Unesco, 14-17 janvier 1999, Gallimard, 2000, p. 391.

Le pouvoir de la parole*

* Entretien réalisé en décembre 1978.

DANIELLE MARIE LÉVY : Dans vos livres, vos conférences, vos séminaires, vous dites que l'homme est un être de communication, de langage, et que c'est très important, la communication, le langage.

FRANÇOISE DOLTO : Oui. Le langage, c'est une manière de transcender toutes nos expériences humaines, et ce qui est intolérable, qui est souffrance, qui est parfois démantèlement du corps. La communication avec un autre permet à celui qui souffre de se réunifier, de retrouver sa cohésion, de retrouver l'honneur de lui-même qui s'est désagrégé dans la souffrance animale qu'un être peut parfois supporter. C'est très important la communication. Nous n'existons que parce que nous sommes reliés aux autres par la parole.

D. M. L. : Mais la première communication, le premier langage, c'est un langage de corps.

F. D. : Oui, c'est difficile à dire comment on commence. Un être humain, il est une parole non dite entre deux êtres qui s'étreignent, et c'est la parole non dite qui prend forme d'être humain. Nous sommes parole densifiée, une parole absente, pas dite, qui est au-delà des sentiments qui font s'étreindre deux êtres. Et là, c'est le fait biologique qui n'a de sens que parce que c'est un « parlêtre[1] » selon le mot d'un psychanalyste, Bernard This je crois. Un être humain est un être de parole, dès l'origine, parce qu'il est parole lui-même. Un être humain *in utero* est « parlé » par ses parents, il entend la voix – ce que nous savons maintenant et qu'on ne savait pas. Je vais même jusqu'à dire qu'un enfant – je vais dire une bêtise pour beaucoup d'accoucheurs –, un enfant qui est un peu trop pressé de naître, on dirait que c'est un enfant qui veut aller du côté où ça parle, plus vite que les autres. En tout cas, ces enfants qui naissent prématurément ont besoin de beaucoup de paroles au moment de leur naissance pour leur expliquer ce que c'est tout d'un coup d'être venu un peu trop tôt et d'avoir besoin de soins qui vont les séparer de leurs parents.

D. M. L. : C'est quand même étonnant, ce que vous dites, parce que les bébés ne comprennent pas les mots !

F. D. : C'est toujours ce qu'on dit. Les bébés, ils vivent des mots, ils ne les comprennent pas. Ils vivent autant du sens qui leur est communiqué que des sonorités et du ton de la voix avec lequel il leur est parlé. C'est pour ça qu'il est si important de se souvenir de ce qui est dit à la naissance, parce que tout enfant, tout être humain est marqué de ce qui lui est dit au départ. C'est raconté dans les contes de fées, on dit les « mauvaises fées » et les « bonnes fées », mais ce n'est pas un conte, c'est vrai.

Aussi la parole peut réparer un effet dévitalisant qui a pu être donné autant à la mère qu'à l'enfant, quand quelqu'un lui a dit quelque chose de désagréable sur ce bébé qui vient de naître. Toutes les paroles se mettent à entrer dans le tissu du corps qui se fait tous les jours. C'est comme la trame et la chaîne, la parole est la vitalité biologique, c'est une vitalité psychique qui se tisse à la vitalité organique.

Beaucoup de gens disent : « Mais, au début, ils ne comprennent pas la langue qui leur est donnée. » Ils comprennent toutes les langues au début, ils comprennent la langue vraie du cœur, ce que veut leur communiquer cet adulte qui se sent responsable d'eux. C'est ça qui est important, c'est que les adultes responsables de l'enfant soient toujours vrais avec lui, et lui disent ce qu'ils sentent de vrai vis-à-vis de lui. C'est un être humain, on l'oublie parce qu'il est petit. Ce petit, on l'a « prévu », à partir des enfants des autres, on ne s'est pas rendu compte que c'était le sien, un jour, et cet enfant qui naît de nous-mêmes, nous avons beaucoup de peine à l'admettre comme un autre être, il est comme une partie de nous et une partie de nous qu'on ne prend pas au sérieux. Mais pas du tout ! Il est un autre être, un advenant femme ou homme, déjà. On voudrait se le garder, c'est pour ça qu'on le traite comme un nounours, comme un petit chien, comme un petit chat. Je ne dis pas qu'il ne faut pas avoir des termes et des sonorités de tendresse, mais sans oublier que c'est un autre être dont le destin commence grâce à notre médiation, et qui ne nous appartient pas.

D. M. L. : Je crois qu'il y a des mots qui sont dangereux ou des paroles qui sont blessantes, mortifiantes. Nous avons relevé ensemble un certain nombre de paroles hypnotisantes, par exemple : « Tu n'es bon à rien. »

F. D. : « Tais-toi, tais-toi, tais-toi », il y a des enfants qui n'entendent que ça, ou « Attends, attends, attends ». Perpétuellement : « Attends » et « Tais-toi ». C'est hypnosant de ne pas manifester qu'on vit. Bien sûr, un enfant fait du bruit. Parfois, il est fatigant, il faut le savoir, mais ça ne sert à rien de l'hypnoser à se taire, on a un mauvais effet sur lui. On peut dire que toutes les paroles qui sont dangereuses pour un enfant sont des paroles dévitalisantes, qui freinent sa motricité. Aussi les paroles qui font atteinte à la beauté si ça le concerne, à la vérité si ça le concerne...

D. M. L. : Les paroles de menace ?

F. D. : Oui, les paroles de menace à la vie, il se sent menacé.

Et il faut savoir aussi qu'un enfant croit que les adultes ont tous les droits sur lui. J'aimerais que les parents expliquent à l'enfant, dès qu'il est petit, tout petit : « Mais moi, je n'ai pas le droit de faire cela. Telle personne, elle n'a pas le droit de le faire, la maîtresse n'a pas le droit. » Les enfants croient que les adultes, les parents surtout, ont le droit de vie et de mort, le droit de les abandonner à n'importe quel âge de leur vie. Et c'est pour ça que c'est à l'école, même à l'école maternelle, qu'on devrait expliquer ces choses. Tout enfant a droit à ce qu'on lui dise qui est son père et sa mère de naissance, si la mère qui l'élève n'est pas la mère de naissance. La mère de naissance a besoin d'être dite avec des mots comme cela : « Ta mère de naissance, c'est une telle » ou bien : « Je ne la connais pas mais toi tu la connais. »

D. M. L. : Vous voulez dire que l'enfant a droit à la vérité…

F. D. : À la vérité concernant son départ dans la vie. Ça, c'est la racine la plus profonde. Enraciné dans son droit à avoir son père et sa mère de naissance que lui connaît, et qu'on lui donne la vérité que c'est lui qui les connaît, même si la personne qui l'élève ne les connaît pas. Et puisqu'on l'aime, puisqu'on le connaît, à travers lui on aime ses parents de naissance, ils sont réhabilités quoi qu'il soit arrivé pour eux.

D. M. L. : Vous voulez dire qu'il ne faut pas mentir aux enfants.

F. D. : Jamais.

D. M. L. : Et ne pas leur cacher la vérité.

F. D. : Jamais. Je ne dis pas qu'il faut toujours dire toute la vérité quand la vérité est douloureuse, mais il faut toujours dire quelque chose qui est sur le chemin de la vérité. Une vérité peut n'être pas dite tout entière, mais ne jamais camoufler complètement la vérité. Et toujours traiter un enfant comme un citoyen, dans la vie courante, quel que soit son âge. Je pense par exemple aux rites importants de la vie que sont le mariage, la mort, pour les gens croyants le baptême. Ces rites, l'enfant doit y assister pour les gens qu'il connaît et qui sont autour de lui. C'est très important.

D. M. L. : Il n'a pas à assister à la mort tout de même ?

F. D. : Il a à assister au rite, c'est-à-dire aux obsèques, ne serait-ce que cinq minutes. Si c'est son grand-père, il y a une personne de la famille qui l'accompagne pour lui dire : « Voilà, c'est l'enterrement de ton grand-père », c'est quelque chose qui s'est passé dans une société.

D. M. L. : Lui parler, lui dire : « C'est l'enterrement. »

F. D. : Lui dire, lui expliquer : « C'est l'enterrement », bien sûr, ne pas y assister sans mots. Sur tout ce que l'enfant regarde, voit, tout ce à quoi on voit qu'il est attentif, il faut lui dire des mots.

D. M. L. : Et sur la sexualité ?

F. D. : Mais la sexualité, il y est attentif d'une certaine manière, toujours, puisque quand il est petit, il est tout olfaction. Vous savez que les enfants ont une connaissance, par exemple du cycle menstruel de leur mère, par l'olfaction. Nous le savons par certains enfants qui ont des troubles au moment des menstrues de leur mère. Et si c'est fait à temps et qu'ils ne sont pas entrés dans le cercle vicieux du rythme de ces maladies allergiques dues à l'odeur de la mère, il suffit de le leur dire : « Mais tu sais bien, c'est le moment des règles de ta mère, tu n'as pas besoin, toi, de croire que tu es encore en elle et alors d'avoir aussi quelque chose qui est soi-disant indisposé. » L'enfant, au départ, fait encore partie du corps de la mère, par médiation imaginaire. Mais c'est par les paroles qu'on l'en détache en lui donnant ce lien symbolique à la mère représenté par la parole, et alors l'imaginaire ou le magique est dépassé. Parce que beaucoup de troubles de l'enfant sont dus à l'imaginaire qui fait effet magique dans le corps. Mais aussi chez l'adulte, ces troubles qu'on appelle maintenant psychosomatiques sont dus à un certain style de magie avec laquelle nous vivons encore maintenant.

D. M. L. : Parce que des mots n'ont pas été dits à un moment donné, à un moment important.

F. D. : Des mots n'ont pas été dits. Le non-dit est parfois très vulnérant. C'est ce qu'il peut y avoir de plus vulnérant, quand un enfant pose une question et qu'il ne lui est pas répondu à cette question. Ou qu'il ne lui est pas répondu : « Écoute, ça me gêne beaucoup de te répondre, tu avais le droit de me poser cette question, et moi je ne sais pas te répondre. Repose-la une autre fois, je vais y réfléchir ou je tâcherai de trouver quelqu'un qui y répondra. » Il y a des parents qui ne peuvent pas répondre parce que, par exemple, l'enfant pose une question qui les angoisse ou qui leur fait trop de chagrin, concernant quelqu'un qui est mort. Alors l'enfant croit qu'il fait mal, et c'est fini, c'est un secteur qu'il ferme à sa curiosité, y compris tout ce qui était autour de ce secteur.

D. M. L. : Mais souvent les parents croient, eux, qu'ils vont faire mal à l'enfant en lui disant un certain nombre de choses.

Tout à l'heure, vous parliez des enfants abandonnés ou des enfants adoptés, mais je crois que les parents ont peur de faire mal à l'enfant en lui disant par exemple : « Tu es un enfant adopté. »

F. D. : Les parents vous disent ce raisonnement : « Si moi on me l'avait dit, j'aurais eu de la peine. » Mais eux, ce n'était pas leur vérité structurante de leur être-au-monde. L'enfant, c'est sa vérité structurante, donc il ne peut pas avoir de peine qu'on lui dise sa vérité, surtout si on la dit avec amour pour ses parents qui lui ont permis d'être là puisqu'ils l'ont mis au monde. Et cet enfant, c'est grâce à ses propres parents qu'il est vivant, et grâce à eux aussi que cette personne qui lui parle peut l'aimer. Donc, un enfant adopté, on ne peut lui parler de ses parents qu'il a perdus ou qui lui ont permis d'être adopté qu'avec le plus grand amour. Parce qu'on leur doit la reconnaissance d'avoir un enfant à aimer. C'est très étonnant car l'enfant qui le sent, qui le sait, dans son sommeil profond, sous hypnose, il pourrait le dire. Il faut que des paroles de vérité lui soient dites. Dire vrai, toujours, et agir dans le sens de ce que l'on dit. Là aussi, les paroles sont très troublantes pour un enfant.

D. M. L. : Mais supposons par exemple que j'aie un enfant et que je n'aime pas cet enfant.

F. D. : Eh bien, il faut le lui dire : « Tu n'as pas de chance que je ne t'aime pas comme tu aurais besoin d'être aimé », et ça arrange tout. Beaucoup de gens m'ont écrit[2]. On ne peut pas se forcer, l'amour, ça ne se force pas et ce n'est pas la peine de faire semblant, l'enfant le sent très bien : « Tu n'as pas de chance, tu vois, tu aurais dû tomber sur une mère qui t'aurait aimé mais pourquoi est-ce que tu m'as choisie pour naître ? » Quand c'est l'enfant de la mère, c'est un problème de la mère avec sa propre mère ou son propre père, presque toujours, qu'elle ignore et qui fait qu'il y a quelque chose qui la met à distance de son enfant.

Et puis, vous savez, le mot « aimer », on aime le bifteck, on aime le bon Dieu et puis on aime son chien, ça veut tout dire, « aimer ». Les mères qui vous disent qu'elles n'aiment pas leur enfant, ce n'est pas vrai, sans ça elles ne l'auraient pas mis au monde. Elles ont des difficultés à admettre certains aspects physiques, psychiques ou mentaux de cet enfant. C'est en relation soit avec le géniteur de l'enfant, soit avec un moment de la vie où cet enfant est plus difficile à supporter – il le serait pour tout le monde, pas plus pour elle que pour un autre –, ou bien c'est un moment où l'enfant doit se détacher de la mère et quand la mère ne veut pas qu'il se détache d'elle. Il y a des moments comme ça dans l'éducation. Ce n'est pas drôle, l'éducation, mais il faut le dire. Les enfants acceptent très bien que les mères disent : « Ah, j'en ai marre, j'en ai marre », et tout le monde rit.

D. M. L. : À partir du moment où c'est vrai…

F. D. : À partir du moment où c'est vrai, mettre des mots sur ce qu'on éprouve, aussi bien dans la tendresse que dans la haine, c'est ça qui est humain. C'est ça qui ensuite permet la communication, et la communication ventile tout. Et si c'est difficile, eh bien au bout de quelque temps, les enfants cherchent d'autres personnes avec qui communiquer, et c'est aussi bien.

Mettre au monde un enfant, c'est le mettre pour un petit temps au monde pour sa propre famille, et ensuite pour faire connaissance dans l'espace, et étendre ses relations, ses amis, pour un jour faire famille ailleurs. Si c'est difficile, la communication, il faut le lui dire et il trouvera la communication ailleurs.

L'éducation sexuelle*

* Entretien réalisé en mai 1982.

D. M. L. : On ne pense pas toujours à l'éducation sexuelle chez les enfants de jeune âge. Or, dans votre pratique, vous avez eu à aborder ce genre de problème avec les parents, et vous savez qu'ils disent souvent : « Il sait tout puisqu'il a observé le coït des animaux domestiques. » Alors, est-ce suffisant comme éducation sexuelle ?

F. D. : Mais l'éducation sexuelle n'est pas que l'éducation à l'acte reproductif ! C'est une éducation qui se fait tous les jours de la vie, on peut dire depuis le début de la vie. C'est parler juste quant au sexe des créatures vivantes, des végétaux c'est moins visible, mais en tout cas des animaux et des humains. C'est donner la parole juste concernant la sexuation d'un animal, et aussi tout ce qui concerne son appareil génital et son rôle dans la vie pour les animaux. Mais, chez les humains, c'est encore autre chose puisqu'il s'agit de l'amour qui s'enracine dans le désir – dans le désir juste ou pas –, l'amour peut se passer de désir sans qu'on le sache, peut-être pas tout de suite visible. Et puis c'est la possibilité de la procréation d'êtres humains, mais il n'y a pas que cela, il y a aussi toute création qui est œuvre d'amour, qui n'est jamais une œuvre solitaire. Même si celui qui la crée paraît solitaire, il pense toujours à des êtres pour qui il l'a fait.

Donc l'amour et la sexualité sont absolument indissociables pour l'enfant si on veut l'instruire. Et l'enfant étant une procréation, il ne devient une œuvre d'un couple que s'il y a eu éducation, et cette éducation, ce n'est pas le langage des mimiques, c'est le langage des valeurs des choses qui est donné par tout le comportement et le langage verbal qui sont les mots justes.

D. M. L. : Alors parlons de ce langage verbal, de cette éducation. Je crois que la première chose à dire aux enfants, c'est la différence des sexes.

F. D. : C'est la première chose à dire, à exprimer. Parce que quand on dit à une petite fille par exemple qu'elle va s'appeler Claude, alors qu'un garçon s'appelle Claude, les parents, les amis vont en parler autour, quand ce bébé est dans son berceau. Tout de suite, dès que le bébé est dans son berceau : « Claude parce que ceci cela », la raison pour laquelle les parents ont dû donner un nom double en disant Claude *fille*. Et quand quelqu'un vient : « Claude, c'est un garçon ? une fille ? » Non, c'est un garçon *ou* c'est une fille. Il faut que tout de suite cet enfant – surtout s'il a un prénom qui peut être ambigu – sache dès l'origine pourquoi il a eu ce prénom : parce qu'elle est fille, c'est ainsi qu'elle était née. En fait la sexuation et la sexualité c'est ce qui enracine l'identité d'un être dans son corps. C'est pour ça que c'est si important. Alors, nous sommes identifiés à notre corps pour vivre, sans ça on est des zombies, et en plus nous avons une valeur en tant que nous sommes par les paroles qui nous sont dites. Et cette valeur est donnée par notre place dans la relation aux autres êtres humains : place sexuée différente de l'autre et place de géniteur, frère, sœur, le langage de la parenté.

D. M. L. : On en parlera un petit peu plus tard, si vous voulez bien. Je voudrais qu'on revienne à cette différence des sexes. Parce qu'on vend aujourd'hui des poupées sexuées petits garçons ou petites filles, des baigneurs, c'est ce qu'on appelle des bébés mouilleurs sexués.

F. D. : Comme si la question de sexe c'était le pipi.

D. M. L. : Je pense que c'est très bien qu'on fasse effectivement des poupées sexuées.

F. D. : Pourquoi pas !

D. M. L. : Pourquoi pas, mais quand on donne le biberon à ces poupées, c'est comme si on disait, finalement, le sexe ça sert uniquement à faire pipi. Il y a un pipi-garçon et un pipi-fille.

F. D. : Oui, et le sexe serait en rapport avec le digestif ? Eh bien, ce n'est pas vrai, le sexe n'est pas en rapport avec le digestif ! Le tube digestif c'est la bouche, et le pipi, ce n'est pas immédiat. Ce jeu de fonctionnement pervertit l'enfant quant à la notion de son corps.

D. M. L. : Alors, pour rétablir une vérité concernant le fonctionnement du corps, que pourrait-on dire à un enfant qui recevrait une de ces poupées ?

F. D. : « C'est pour de rire, parce que ce n'est pas comme ça pour de vrai », et c'est tout. « La forme que ces poupées ont au lieu des génitoires, c'est une forme pour de rire parce que, en vrai, ce n'est pas tout à fait comme ça », et puis voilà.

D. M. L. : D'accord. Mais qui doit, dans la famille par exemple, permettre à l'enfant de comprendre son sexe, de savoir qu'il a un sexe de garçon ou un sexe de fille ?

F. D. : Ça n'est jamais dit un beau jour. Les enfants posent une question, toujours des questions indirectes : « Comment seront mes enfants ? – Ça dépendra de la femme que tu choisiras », si c'est un garçon. À une fille : « Ça dépendra de l'homme que tu choisiras. – Ah ? » Et puis le lendemain : « Tu m'as dit, hier, que ça dépendrait, pourquoi ça dépend ? – Parce que les enfants, une femme ne peut pas les avoir si ce n'est pas un homme qui lui en donne la possibilité. – Ah ? Et comment il lui en donne la possibilité ? » etc. C'est une affaire de tous les jours à partir de dix-huit mois, deux ans, les questions muettes. Un enfant s'exhibe, par exemple il se promène sans culotte, il ne s'agit pas de le gronder mais de lui dire : « Pourquoi tu le fais, tu veux que je te dise que tu es un garçon ? Ben oui tu es un garçon », ou « Tu veux que je te dise que tu es une fille ? Ben oui tu es une fille. Mais tu ne vois pas les grandes personnes se promener toutes nues devant tout le monde ! » Ou alors s'il les voit, les enfants se demandent s'ils sont anormaux puisqu'ils n'ont pas de pilosité et que les adultes en ont. Il faut leur expliquer tout de suite : « Tu vois que nous, nous sommes pareils à toi, sauf que nous sommes devenus adultes ; il y a un système pileux, les poils c'est pas des cheveux, et les cheveux c'est pas des poils. » Il y a beaucoup d'enfants qui ne savent pas du tout ça. Il faut leur expliquer, tout ce qu'ils voient doit être expliqué. Pas plus le sexe que tout ce qui se voit autour d'eux mais tout autant, au lieu de faire l'impasse là-dessus.

D. M. L. : Vous parliez tout à l'heure de nudité, mais il y a aussi des parents qui pensent que se montrer nu, se promener nu devant les enfants, c'est en soi une éducation sexuelle suffisante.

F. D. : Mais pas du tout ! Le voir n'est pas une éducation, c'est le voir accompagné des paroles et des sentiments qui accompagnent les actes de procréation, ou les actes de rapprochement sexuel. Il y a des enfants qui sont témoins d'ébats sexuels de parents, eh bien il ne faut surtout pas leur dire : « Va-t'en, ne le dis à personne », mais : « Tu vois, nous avons des relations sexuelles, tu nous y a surpris, nous n'avons pas fait exprès de nous montrer. Bon, tu sais ce que c'est, tu es né à l'occasion d'un acte de cet ordre. » Oui, tout simple. C'est tout naturel. Il faut toujours penser à dire les mots qui concernent l'expérience que l'enfant a vue, et la lui dire d'une manière qui est dans l'ordre des choses. Car c'est dans l'ordre des choses puisque c'est dans l'ordre de la vie.

D. M. L. : Mais il faut dire les mots justes aussi.

F. D. : Oui, et vous parliez tout à l'heure des animaux. Combien j'entends d'enfants qui disent : « Ah ça c'est le chien. – Comment s'appelle-t-il ? – Mina. – Ah, alors c'est une chienne ! – Non c'est le chien. – Mais il a eu des petits, alors c'est pas un chien ! – Ah si ! c'est le chien. » Tout le monde disant « chien ».

Voilà les mots faux qui lancent un enfant dans des fantasmes tout à fait erronés concernant le portage des enfants. Aussi bien pour les mammifères, car nous faisons partie des mammifères. Au point de vue corps, ce sont les femmes qui portent les enfants. Mais l'enfant qui voit une chienne avoir des petits, il ne sait pas toujours par quel chien elle a pu obtenir d'être grosse, donc il faut le lui dire : « Tu sais, c'est parce qu'elle a rencontré un chien et qu'il lui a donné la graine de vie pour avoir des chiots, sans ça elle n'en aurait pas. » Et l'enfant dira : « Et toi ? – Bien sûr, si ça n'avait pas été ton père, je n'aurais pas eu d'enfant. – Mais alors si ç'avait été avec un autre monsieur ? – Eh bien vous auriez été autres. » Chaque enfant est conçu et élevé dans la pensée du géniteur qui a été le sien.

D. M. L. : Dans vos consultations, vous insistez auprès des parents sur la nécessité de situer l'enfant dans sa parenté et vous rappeliez tout à l'heure l'importance de lui dire sa place dans cette parenté.

F. D. : Oui, puisque c'est comme ça qu'on instruit l'enfant de l'interdit de l'inceste. S'il ne sait pas qui est son père, qui est sa mère, tout le monde est maman papa, et ce n'est pas possible ! Il y a un seul père, une seule mère. Même si on ne l'a pas connu, même si on ne les a pas connus, il faut toujours affirmer à l'enfant : « Tu n'as qu'une mère de naissance.

Après, tu as eu une mère qui a remplacé ta mère parce qu'elle ne pouvait pas t'élever. Tu as eu peut-être trente-six papas si ta mère a eu plusieurs compagnons, mais tu n'as qu'un père de naissance. Tu demanderas un jour à ta mère si elle se souvient qui il est. » Il y a des enfants dont la mère dit : « Je ne me souviens pas. » Alors quand il revient et qu'il dit à cette personne : « Ma mère dit qu'elle ne se souvient pas. – Tu sais, c'est une farce, plus tard elle te le dira », parce que la mère se souvient toujours, elle sait toujours qui est le père de naissance, il n'y en a eu qu'un. Il faut toujours enraciner l'enfant dans cette notion qu'il est né d'un père de naissance et d'une mère de naissance. Ensuite, il y a des quantités de mamans, la maman nourrice, la maman gentille, toute mère qui est maternante permet à un enfant de survivre, c'est une maman. Tout père qui est compagnon de cette femme et qui élève cet enfant en lui donnant sécurité, c'est un papa. Et puis il y a des papas qui ne sont pas des pères, il y a des pères qui sont pas des papas, etc. Mais ce sont les mots justes. Évidemment, quand un père et une mère au foyer se nomment l'un l'autre « papa », « maman », l'enfant est complètement gouré, si je peux dire.

D. M. L : Parce qu'il croit que quand la mère dit « papa », elle veut parler de son père à elle.

F. D. : Oui c'est ça. Et puis pour les grand-mères,

il faut toujours dire de qui : « Grand-mère paternelle parce qu'elle est la mère de ton père. – Ah oui ? Mais comment ? C'est la maman ? – C'est elle qui a porté ton père dans son ventre, c'est pour ça qu'il est son fils, elle est ta grand-mère paternelle » ; la grand-mère maternelle de même. Le vocabulaire de la parenté doit être donné à l'enfant par rapport à la génitude qui relie ses parents, et lui aux ancêtres, aux aïeux qu'il peut connaître. Et ceux qu'il ne peut pas connaître, on voit leur tombe et on en parle.

D. M. L. : Ça se formule comment, l'interdit de l'inceste ?

F. D. : « Pour de rire. » Les enfants imaginent qu'ils seront les maris ou les femmes de leurs géniteurs ou des parents qui les éduquent. Eh bien : « Pour de rire, tu peux dire ça, mais c'est interdit aux humains de désirer avoir un enfant ou de prendre pour femme sa sœur ou sa mère pour un garçon ; de même que son frère ou son père pour une fille. » Alors les enfants disent : « Mais papa, il s'est bien marié avec maman. – Oui mais pas avec *sa* maman, et la mère pas avec *son* père ; son père c'est Untel », etc. C'est comme ça depuis tout petit : « Ah, ben alors c'est pas drôle ! – Oui, c'est comme ça. – Mais pourquoi ? – Je ne sais pas, mais c'est inscrit », et ça devrait toujours être repris à l'école, dès la classe de maternelle.

D. M. L. : Pour vous l'éducation sexuelle est vraiment liée au fait de dire l'interdit de l'inceste.

F. D. : Oui, parce que grâce à l'interdit de l'inceste, le désir de l'enfant est ouvert sur toutes les autres créatures, hors la société réduite de la famille. Et c'est ça qui promet à l'enfant des relations sociales de très grande valeur à la fois affectives, réelles, et aussi dans la vie des relations d'amitié symbolique avec des êtres que l'on pourrait aimer.

Enfin la plupart des gens sont amoureux des personnages de livres, même les enfants dans les livres d'enfants, et pourquoi pas ! « Je me marierai avec lui. – Il est dans un livre, je ne sais pas si tu le rencontreras dans la vie. » Mais quand il dit : « Je me marierai avec papa », on lui dit sévèrement : « Oh non, parce qu'il est à moi. » Non, on doit dire simplement : « Parce qu'il est ton père », et c'est tout. Alors les enfants pensent : « Ah oui, c'est parce qu'il est vieux. – Non, même s'il n'était pas vieux », surtout pour les filles, par exemple, dont le père en deuxièmes noces épouse une personne de leur âge. Si on ne leur a pas dit l'interdit de l'inceste, elles sont très troublées à ce moment-là.

Les deuils de l'enfance*

* Entretien réalisé en février 1979.

D. M. L. : Sortir de l'enfance n'est pas chose facile, on dirait qu'il faut renoncer à beaucoup de choses.

F. D. : Mais oui. Il faut renoncer au nid du corps maternel pour naître, renoncer à se nicher dans les bras de sa maman au sevrage, renoncer à être tout le temps pris dans les bras dès qu'on appelle. À partir du moment où on grandit, où on peut remuer tout seul, il faut se débrouiller, et peu à peu découvrir l'autonomie. Et l'autonomie, c'est faire le deuil de ce qu'il y a de si doux et délicieux dans la fusion avec l'être aimé. On la retrouvera, cette fusion, mais il y a tout un chemin à faire.

D. M. L. : Mais c'est donc un deuil à faire. Qui dit deuil dit douleur. Est-il possible d'aider l'enfant à ce moment-là ?

F. D. : On ne peut l'aider que par l'exemple à être tout à fait d'accord qu'aujourd'hui est fini, qu'on s'endort pour un demain nouveau qui prépare beaucoup de surprises. Et on ne va pas toujours répéter les choses ennuyeuses parce qu'il peut y avoir tous les jours des surprises qui arrivent. Il faut être prêt à la surprise, pour ça il faut faire le deuil d'hier et avoir une espérance quotidienne du lendemain, des rencontres, des possibilités et ne jamais se lasser de cette attente espérée.

D. M. L. : Vous avez parlé du renoncement aux bras de la mère, mais il y a bien d'autres renoncements à faire de l'enfance à l'adolescence, une série de deuils à vivre.

F. D. : Eh bien, il y a l'illusion qu'on pourra devenir comme papa, comme maman, qu'en jouant au train on est un train, qu'en faisant l'avion on est un avion, qu'en se lançant par la fenêtre on pourra voler. Tous ces deuils de l'illusion que l'imaginaire est maître et roi, c'est très important. Je crois que ça dure toute la vie et que toute la vie impose un travail pour expérimenter, au jour le jour, la relation entre l'imaginaire et la réalité. Il y a tous les jours à faire des deuils de soi-même, le soi-même qui imaginait une toute-puissance qui se dérobe toujours à nous.

D. M. L. : Je crois qu'il y a aussi à faire le deuil de l'illusion que ses parents sont également des gens tout-puissants qui détiennent la vérité.

F. D. : Oui et, pendant que j'y pense, le deuil à faire de ce que Madame Dolto sait tout. C'est épouvantable, tous les gens – sous prétexte que je parlais pour aider les parents à s'aider eux-mêmes[3] – croient que je sais tout. Vous me demandez de venir et je suis venue parce que je suis votre amie[4], mais que les gens s'adressent à toutes les personnes qui peuvent les aider et qui les entourent, et pas à moi. Je ne sais rien de plus qu'eux, j'ai un peu plus de bouteille et je suis vieille maintenant. On projette comme ça l'illusion qu'un être sait tout, mais c'est chacun de nous qui sait tout s'il veut bien travailler à réfléchir à tout ce qu'il sait, en parlant autour de lui avec des égaux.

D. M. L. : Oui, avec des égaux. Mais il y a bien un moment où les enfants ne sont pas les égaux des adultes.

F. D. : C'est pour ça qu'il faut que les enfants vivent avec des enfants de leur âge et très tôt, le plus tôt possible. Et certains parents n'ont pas fait le deuil de leur enfance, ils veulent que leur enfant reste avec eux, à parler avec eux au lieu de les quitter pour aller avec les autres enfants et découvrir le monde, en revenant de temps en temps à eux, mais sans trouver que ce sont les adultes qui détiennent tout le savoir. Les enfants l'élaborent tous les jours et, en échangeant leurs paroles avec leurs parents ou d'autres adultes, selon les expériences qu'ils ont faites, vont trouver comment les dire, comment les échanger.

D. M. L. : Si je vous comprends bien, on aurait peut-être un peu trop tendance à puériliser les enfants.

F. D. : Mais oui, et parce que nous n'avons pas fait assez le deuil de notre enfance.

D. M. L. : Alors, qu'est-ce que c'est, pour nous adultes, faire le deuil de notre enfance ?

F. D. : Eh bien, c'est accepter que jamais ce qui s'est passé la veille, l'avant-veille et les jours précédents ne se représentera. Ce n'est pas la peine d'essayer de le vivre à travers une autre personne. Il faut vivre ce que nous avons à vivre, avec les autres, au jour le jour, au moment le moment, et faire constamment le deuil de l'heure précédente pour l'heure qui vient. C'est difficile parce que nous aimons rêver au souvenir, il vaudrait mieux rêver à l'avenir.

D. M. L. : Vous avez dit quelque chose aussi qui m'a frappée, vous avez dit qu'un des renoncements majeurs de l'enfant serait de renoncer à faire plaisir aux parents. Ce n'est pas facile à entendre pour des parents ! Que voulez-vous dire ?

F. D. : Quand l'enfant petit fait plaisir à ses parents, il fait plaisir à ceux qui lui donnent sécurité, donc il fait plaisir à lui-même grande personne. La grande personne est contente que l'enfant lui fasse plaisir, parce que c'est l'enfant en elle qui était mort et qui redevient vivant, elle se sent vivre dans cet enfant. C'est un piège pour tous les deux. L'enfant, il se trouve que s'il se développe, il fait plaisir à l'adulte, mais combien peu d'adultes sont heureux quand l'enfant leur échappe pour aller appeler « maman » une autre personne. Alors que « maman » et « papa », les enfants en ont trente-six, tous ceux qui leur sont, à un moment donné, de bon conseil, c'est papa et maman. Quant à la mère de naissance et au père de naissance, à la mère tutélaire et au père tutélaire chargés de l'enfant par la loi ou qui se sentent responsables de lui, ceux-là il n'y en a qu'un à la fois, bien sûr, et les parents savent qu'ils sont responsables de l'enfant. Quant aux enfants, c'est eux-mêmes qui doivent apprendre à être responsables d'eux, en rencontrant des interlocuteurs avec lesquels ils parlent et avec lesquels ils font l'expérience de la relation à l'adulte.

D. M. L. : Donc renoncer à faire plaisir aux parents, c'est se dégager des parents, leur dire non, c'est partir ?

F. D. : Finalement – je vais dire un grand mot –, c'est se dégager du plaisir de l'inceste. Il faut se séparer. Inceste, ça veut dire : « pas séparé ». Or, l'inceste à tous les niveaux est mortifère. Ce qui est porteur de fruits, c'est d'aller vers des êtres nouveaux qui ne sont pas reliés, enracinés aux mêmes sources que nous. C'est cet échange par la parole, par le langage, par la création – le langage n'est pas que verbal, il est aussi gestuel, visuel, auditif, créatif, de toute sorte. Plus on étend la relation au-delà de ses propres parents, plus on vit comme un être humain et plus on prend responsabilité de soi-même.

D. M. L. : Mais ça commence très tôt ?

F. D. : Il y a beaucoup de parents à qui ça fait de la peine, au lieu de faire plaisir, mais ça doit commencer. Ça commence avec le premier jour de la vie quand l'enfant au sein détourne la tête pour regarder quelqu'un qui l'intéresse plus que le sein de sa mère. Et la mère qui dit : « Allez-vous-en, laissez-le téter – Et pourquoi ? il tétera bien ! – Ce n'est pas la peine de le distraire ! », mais c'est très bien qu'il soit distrait. Ça prouve que, pour l'instant, il n'a momentanément pas trop faim, sans ça il ne lâcherait pas le sein de la mère, et c'est à tout point de vue comme ça. Il *faut* qu'il fasse ses devoirs, mais s'il sait qu'il a à faire ses devoirs, il les fera. Il faut qu'il ouvre les yeux sur le monde, mais pourquoi interdire le cinéma

– enfin, la télévision – parce qu'il a ses devoirs à faire ? Si l'enfant fait l'expérience, s'il parle ensuite de tout ce qui l'a intéressé et de tout ce qu'il a vu, c'est beaucoup plus important que de se cantonner sur le devoir à faire, et pour faire plaisir à qui ? Au maître ? Mais est-ce qu'il va apprendre plus en faisant ce devoir qu'en écoutant, qu'en observant et en parlant ensuite de ce qu'il a observé, entendu à la radio, à la télévision, en écoutant des gens qui parlent ? C'est ça qui est important, ce n'est pas faire plaisir à telle ou telle personne. L'enfant croit toujours qu'il doit faire plaisir aux gens qui s'occupent de lui, mais il faut que nous ôtions ça de l'idée des enfants. C'est très important ce que je dis là, et s'il y a des enfants qui m'écoutent[5], c'est vraiment honorer ses parents que de se développer et pas toujours faire ce qu'ils vous disent : « Fais-moi plaisir, fais-moi plaisir ! »... « Mais, écoute, il y a papa pour ça, il y a maman pour papa, il y a papa pour maman, mais moi, le petit enfant, je ne suis pas là pour faire plaisir, je suis là pour te faire honneur et réussir dans ma vie. »

D. M. L. : « Faire honneur », ça veut dire quoi ?

F. D. : Ça veut dire réussir dans la vie au moins aussi bien que ce qu'ont fait les parents, réussir à gagner sa vie, à faire avec les autres des contacts comme ont fait les parents, et à devenir parent soi-même. Pour ça, il faut se dégager de la tutelle. On n'y arrivera jamais si on ne s'en dégage pas.

D. M. L. : Je reviens au deuil. Faire le deuil de son enfance ou faire les différents deuils, c'est se séparer toujours et ne jamais revenir dans le passé ?

F. D. : Toujours se séparer du soi-même de la veille pour chercher le soi-même de demain.

D. M. L. : Mais c'est difficile, ça !

F. D. : Un enfant a un ami, c'est un drame parce que cet ami en a trouvé un autre, mais tant mieux s'il a ce drame tôt dans sa vie ! C'est ça, vivre, c'est changer d'ami. Et vivre, c'est être fidèle à quoi ? À sa recherche et non pas à une personne.

D. M. L. : Vraiment vous militez pour la vie.

F. D. : Oui, pour la vie et pour casser des habitudes de fixité, des habitudes de sécurité. C'est dans le risque qu'il y a vie, et les parents, il faut qu'ils se risquent avec leurs enfants, qu'ils fassent confiance à la vie qui est dans leurs enfants, et les enfants confiance à la vie qui est en eux, qui est au moins aussi bonne que celle qu'il y a dans les parents. Les chats ne font pas des chiens, et les parents bien vivants, qu'ils fassent confiance à leurs enfants, leurs enfants sont vivants. Mais si les parents veulent retenir leurs enfants, ils vont faire des enfants inquiets de leur désir et de leur demain, se cramponnant à leur hier, et finalement c'est mortifère, ça enlise une société.

D. M. L. : C'est à l'adolescence qu'on sort vraiment de l'enfance, même s'il est difficile de renoncer aux plaisirs de cette enfance.

F. D. : Oui, et c'est très dur. Tout adolescent est Polyeucte, il brûle ce qu'il a adoré. C'étaient ses dieux, et il les relativise. C'est bien, il faut l'encourager à ça, il faut qu'il cherche lui-même. C'est difficile dans une société où les adolescents sont mal reconnus comme chez nous, et ne peuvent pas arriver à gagner de quoi subvenir, non seulement à leurs désirs mais même à leurs besoins. Ça, c'est grave dans notre société. Je ne sais pas comment une vieille société comme la nôtre va s'en sortir de ne pas donner confiance en soi aux adolescents par le fait qu'ils ne peuvent se mettre à leur propre croûte, si je peux dire, pour gagner leur vie, et qu'ils sont obligés d'attendre dans cette période tellement riche de l'adolescence, d'attendre parfois en n'ayant pas trouvé dans le cadre qui les entoure ce qui les anime. Et il faut qu'ils attendent dix-huit ans, c'est dur.

D. M. L. : C'est trop long finalement.

F. D. : Moi, je trouve ça trop long pour beaucoup d'adolescents qui auraient vraiment besoin à ce moment-là de se colleter avec la vie, au moins une partie de la journée, une partie de leur temps.

D. M. L. : C'est-à-dire entrer dans une vie active plus tôt.

F. D. : Entrer dans la vie active, entrer dans une vie militante pour leur commune, pour leur village, s'ils vivent dans un village, pour leur quartier. Faire des choses utiles pour les autres, avoir des idées, et qu'on écoute leurs idées, pas seulement « Oui, c'est très bien ». Les conseils de classe par exemple, combien de fois ça ne sert à rien. Le jeune a des quantités d'idées, le professeur laisse parler pour parler mais n'utilise absolument pas les idées de ces jeunes. C'est dommage. Nous sommes en ce moment dans une période très difficile où la jeunesse pousse. La jeunesse, j'ai très confiance en elle, mais qu'est-ce qu'il faut être solide pour tenir de douze à seize ans, de douze à dix-huit en ne perdant pas confiance en soi, dans la société et dans les adultes. Il faut que les enfants conservent confiance dans l'avenir et ne se cramponnent pas à leur enfance sous prétexte que la société les laisse puérils trop longtemps.

D. M. L. : Alors, faisons en sorte que les enfants puissent sortir de leur enfance.

F. D. : Et les parents continuer, et en confiance, à aller vers le troisième âge.

Les relations entre les enfants et les personnes âgées*

* Entretien réalisé en 1981.

D. M. L. : Je voudrais savoir comment, pour vous, les enfants et les personnes âgées, pas seulement les grands-parents, peuvent se rencontrer, eux qui sont à deux pôles de la vie.

F. D. : Mais je crois que justement c'est pour ça. Les enfants n'ont pas la notion du temps qu'ont les adultes et que ces enfants auront plus tard, les vieillards n'ont plus la même notion du temps, et je crois que c'est ça qui les rapproche. Ce qui les rapproche aussi, c'est leur mobilité par rapport à l'espace. D'abord, les enfants petits n'ont pas de mobilité du tout, il faut qu'ils soient portés par l'adulte. Quelle impuissance chez l'être humain qui est si intelligent dès sa naissance, et qui est totalement impuissant physiquement ! Et les personnes âgées sont atteintes de ce ralentissement de toutes les fonctions qui font que l'espace n'est pas pour eux le même dans la représentation qu'ils en ont que celui des adultes. Vous ne connaissez pas d'être humain, quand il est enfant, qui ne vous dit qu'il a assisté au mariage de ses parents. Le temps pour lui a commencé quand il a désiré exister, et ses parents ont existé avec lui dès qu'il suppose avoir désiré exister. Un enfant est très vexé de savoir qu'il y a eu de la vie avant lui, et les vieillards aussi ont quelque chose de très amer à l'idée que la vie continuera alors qu'ils n'y seront plus. Même chez ceux qui ne le disent pas – c'est inhérent à cette espèce d'amour de la vie que nous avons –, il y a une amertume que la vie continue quand nous ne serons plus là pour jouer à vivre. Et les personnes âgées aussi sont parfois frappées de ce que l'enfant leur demande : « Est-ce que tu vas bientôt mourir ? », mais ce n'est pas du tout parce qu'il ne les aime pas, bien au contraire, c'est un intérêt scientifique, si on peut dire, au niveau de l'enfant. Alors s'ils répondent à l'enfant : « Personne ne sait », pour l'enfant, c'est très intéressant de voir que même par rapport à ce temps de vie qui doit s'arrêter, le vieillard ne sait pas, parce que, pour l'enfant, le vieillard sait tout. Les parents font tout et le vieillard sait tout. Voilà ce que, pour un enfant, est un vieillard.

L'adulte est au courant des choses, mais le vieillard les survole. Le vieillard, pour l'enfant comme d'ailleurs pour beaucoup d'ethnies, représente une certaine sagesse. Et c'est vrai, il a du recul, il ne s'énerve pas de la même façon que les adultes. Si on peut comparer les âges à un paysage, les vieillards sont pour les enfants des routes de campagne, alors que leurs parents sont des autoroutes. Les incidentes dans la conversation (ne pas aller directement au but), c'est caractéristique des vieillards. Et puis on sait que les enfants posent des questions, parfois toujours les mêmes, parce qu'ils veulent une réponse autre que celle qu'on leur a donnée. Et les vieillards posent quelquefois des questions, toujours les mêmes, non pas parce qu'ils veulent une réponse autre mais parce qu'ils ne se souviennent plus, et voilà quelque chose qui les rapproche des enfants. Les enfants ne trouvent pas du tout qu'un vieillard radote parce que ça l'intéresse de parler : « Qu'est-ce qu'on va manger ce soir ? » Une personne âgée va le demander quatre fois, cinq fois, ce qui énerve la personne adulte qui fait la cuisine. Mais l'enfant est ravi parce que lui aimerait bien entendre tout l'après-midi parler de ce qu'on va manger ce soir.

D. M. L. : Mais parfois les personnes âgées se plaignent d'un manque d'égards des enfants.

F. D. : Oui, elles ont à la fois raison et tort. C'est-à-dire qu'elles ont raison parce que si un enfant aime quelqu'un, il n'a pas d'égards – l'égard c'est quelque chose de commercial – et il est de plain-pied avec cet adulte, qui est comme un autre lui-même. Et les enfants ne disent pas bonjour aux vieillards, ça va de soi qu'ils sont tout le temps avec eux dans leur cœur.

Tandis qu'un adulte, on s'en méfie, il faut lui dire bonjour pour se l'amadouer, c'est ça que les personnes âgées n'ont pas compris. Une personne âgée fait partie, pour l'enfant, de son monde imaginaire sécurisant, tout le temps. Alors si la personne âgée dit : « Bonjour, oh, comme ça fait plaisir de te voir ! », d'emblée l'enfant sera heureux, sinon ça crée entre eux une tension tout à fait inutile et qui n'a rien à voir avec le fait que l'enfant ne l'aime pas.

D. M. L. : Mais ils se plaignent aussi, par exemple, que les enfants ne viennent les voir que pour avoir des bonbons, des chocolats.

F. D. : Alors, ce n'est pas vrai, mais la personne âgée rappelle à l'enfant sa toute petite enfance à cause de ces différences de temps, et la petite enfance réclame des bonbons. C'est une manière de dire : « On s'entend bien sur le plan de la bouche, de quand on était petit. » C'est comme : « Raconte-moi toujours la même histoire. » Les enfants adorent les histoires que racontent les personnes âgées. Et il ne faut pas qu'elles oublient que c'est par la parole qu'elles sont en communication avec les enfants, beaucoup plus que par la motricité.

D. M. L. : Parlons des grands-parents plus particulièrement. Quel rôle peuvent-ils jouer ou ne pas jouer dans l'éducation de l'enfant ?

F. D. : Les grands-parents peuvent énormément calmer les tensions qu'il y a entre les enfants petits et les parents tellement occupés, et qui ont en même temps souvent si fort le sentiment de leur responsabilité qu'ils ne laissent pas à l'enfant le temps d'exprimer ce qui ne va pas. Et tout de suite, il faut que ça marche ou qu'on fasse comme si ça marchait. Les grand-mères ont le temps d'écouter les fantasmes, les imaginations, les « J'aimerais bien que maman fasse ça », « que papa soit comme ça ».

Et puis surtout ils ont connu le père ou la mère, quand ils sont les grands-parents de cet enfant, ils peuvent parler des difficultés que leurs parents ont eues quand ils étaient petits et que l'enfant ne voit pas, et c'est très important aussi. Pour lui, ses parents sont dans un absolu, ils ont toujours raison, ils savent tout, et les grands-parents disent : « Non, ce n'est pas arrivé si vite. Tu sais, quand il était jeune… » Et ces sentiments intenses d'infériorité que les enfants déguisent parfois par une agressivité à l'égard de leurs parents, les grands-parents peuvent les aider beaucoup en leur montrant les difficultés d'éducation que leurs propres parents ont eues.

Et puis les personnes âgées ont eu des parents, elles ont eu des grands-parents, et elles peuvent raconter elles aussi, si elles s'en souviennent, la façon dont se vivaient les tensions. Les tensions étaient les mêmes mais se vivaient d'une façon différente. On n'osait pas le dire mais on n'en pensait pas moins. Les personnes âgées peuvent le dire avec un bon sourire : « C'est bien que, dans ton époque, ça puisse se dire, et que je l'écoute. Je ne le répéterai pas. » C'est très dommage que dans notre société, sous prétexte que les personnes âgées ne sont plus productives et intéressantes industrieusement par le rendement, elles ne soient pas reconnues dans cette valeur d'expérience, de réflexion, de pensée, de sagesse et d'écoute des jeunes avec indulgence.

Le sens du sacré chez l'enfant*

* Entretien réalisé en janvier 1980.

D. M. L. : J'ai voulu aborder ce thème du sens du sacré chez l'enfant parce que nous sortons de la période des fêtes de Noël. Je me suis demandé ce que l'enfant pouvait comprendre réellement, profondément, à ces images qui lui étaient proposées puisque d'une part il y a le père Noël comme une espèce de roi mage qui apporte des cadeaux, un roi mage du Nord...

F. D. : Un lutin géant aussi !

D. M. L. : Oui, un lutin géant. Et puis il y a aussi la crèche, la Nativité, cette Sainte Famille qui est représentée. Qu'est-ce que l'enfant peut comprendre à cela ? Est-ce que ça a une valeur spirituelle, sacrée, pour lui ? Est-ce que c'est un conte de fées ?

F. D. : Je crois que c'est un peu tout ça, c'est tout d'un coup une irruption du gratuit dans sa vie. Les enfants, d'habitude, reçoivent des cadeaux quand les personnes qui s'occupent d'eux acceptent de répondre à leurs réclamations ou parce que c'est leur anniversaire. Et Noël, c'est une fête qui revient pour l'anniversaire de toute une population, toute une ethnie. Tous les gens qui vivent dans le système religieux chrétien ont fait cette fête. Mais c'est aussi une fête en plein hiver, au moment où tout a l'air d'être mort dans la végétation, les animaux se terrent. Est-ce que la vie va revenir ? Et en effet, c'est un tournant dans la vie cosmique, et tous les humains, les terriens, sont touchés si bien que c'est une fête païenne du renouvellement : on n'est pas mort pour toujours, il y a de l'espoir, c'est un grand espoir. Et c'est aussi une fête simplement parce qu'on est enfant ou qu'on a gardé l'esprit d'enfance, les gens se font des cadeaux qu'ils n'ont pas mérités et dont ils n'ont même pas à remercier. Ils n'ont pas à remercier la personne qui leur en donne, parce que cette personne leur donne pour se faire plaisir à elle, au nom de la sainte enfance.

Quand vous disiez tout à l'heure « sacré », eh bien qu'est-ce que c'est que les êtres saints, la sainte enfance, comme nous disons, ou une sainte crainte, une sainte colère ? Ça se dit chez les gens les plus laïques, les « saintes colères ». Eh bien ça veut dire une colère qui est au service d'un sentiment qui dépasse l'individuation de chacun, et qui fait qu'il y a, dedans, une loi au-dessus des lois des humains et qui conserve aux lois des humains leur cohésion. Or, la cohésion, c'est aussi fait de l'amour des adultes pour les enfants, l'amour des enfants entre eux, et l'amour des enfants pour ceux qui ont moins de facilité qu'eux. C'est un moment où les enfants apprennent à être généreux avec leurs jouets. Ils les donnent à d'autres et ils donnent aussi à leurs parents, à partir du moment où ils savent que ce père Noël est en fait un mythe, mais que chacun de nous peut jouer le père Noël pour autrui. Les enfants sont tout heureux de comprendre que c'est poétique d'abord, qu'ils vont pouvoir faire un cadeau en s'imaginant que leurs parents ne vont pas croire que c'est d'eux, et qu'ils ne vont pas être remerciés car c'est le père Noël. Ils seront identifiés à ce lutin géant qui fait plaisir aux autres pour le plaisir de faire plaisir.

D. M. L. : Il s'agit du père Noël, de sa fonction dans les fêtes de Noël. Mais qu'en est-il de la Nativité elle-même ?

F. D. : C'est la nativité quand elle est reliée encore – ce qui n'est pas toujours fréquent – à la Nativité dans la crèche. Vous savez que la crèche a été inventée par un hippie de la Renaissance qui était François d'Assise ? C'est François d'Assise qui a créé, qui a inventé la première représentation de la Nativité, jusque-là ça n'existait pas. C'est un très grand artiste, il n'y a qu'à lire les *Fioretti*[6] pour s'en rendre compte. Eh bien la Nativité, c'est une présentification d'une famille idéale dans le sens que le père et la mère sont au service de la vie dans cet enfant qui deviendra un homme qui a une mission, et ont dans la monstration, pourrait-on dire, de leur sentiment, une espèce de silence intérieur et de respect de la vie dans cet enfant qui pourtant est démuni de tout.

D. M. L. : Une espèce de retenue aussi dans les crèches, et je me demande comment les enfants vivent cela : Joseph et Marie éloignés de Jésus.

F. D. : Oui, mais c'est la nécessité pour qu'il y ait parole. Quand les êtres sont collés corps à corps, peau à peau entre eux, la parole passe par le corps, tandis que la crèche c'est un lieu de parole, un lieu d'un dire à distance, et en même temps tous ont l'air d'être reconnaissants. Le bébé a l'air d'être reconnaissant d'avoir un bœuf et un âne qui le réchauffent, d'avoir un père et une mère à distance qui veillent sur lui. Il émane une lumière et la lumière fait partie aussi du sacré, cette lumière dont on ne sait pas d'où elle vient. Le soleil, dans d'autres ethnies, dans d'autres époques, c'était Dieu. Et un être humain qui rayonne de lumière, c'est ce qui donne à l'enfant le sens que l'enfance est pleine de lumière pour les adultes. Nous avons tous été enfants, et c'est une promesse de vie, une vie qui va s'accomplir au service de tous.

D. M. L. : Mais, à vous entendre, c'est l'enfant qui est sacré. Moi je me demande si l'enfant, lui, a un certain sens de ce sacré.

F. D. : Il ne l'a que par les adultes, mais il peut le mettre dans le langage, grâce aux adultes. Sinon je crois que l'enfant a le sens du sacré devant, par exemple, la beauté d'un coucher de soleil, devant la beauté des frondaisons qui sont balancées par le vent. Il faut voir un bébé, mettons à trois mois, qui est absolument exalté quand il regarde les arbres qui se profilent sur le ciel. L'émotion esthétique est, je crois, quelque chose qui réunit l'être humain à une émotion qui le dépasse et qui provoque en lui une élation, c'est ça le sens du sacré. Mais il y a aussi des terreurs sacrées. Quand on dit « sacré », ça veut dire : au-delà du sentiment personnel que l'on pourrait supporter en cohésion, en restant cohésif, et le sacré élevé, dit spirituel, c'est ce qui soutient cette cohésion vers une élévation de soi, grandir, devenir quelqu'un de parfait par rapport à ce que l'on connaît comme impuissance de chacun. Et si c'est en descente, il y a aussi la terreur sacrée parce qu'on est totalement inhibé et il n'y a plus d'espoir de pouvoir résister à cette force qui pourrait nous faire décohéser, ne plus rester soi-même, uni. Et à l'origine c'est tout de même le père et la mère qui, pour l'enfant, sont le signe, avant d'être une signifiance vraie, de sa cohésion, quand il les voit tous les deux s'entendre, leurs deux visages autour de son berceau. C'est lui qui reçoit ce rayonnement des visages et qui devient de ce fait un humain.

D. M. L. : Mais alors, ce père et cette mère qui sont présents sont presque des médiateurs de quelque chose d'autre qui peut être sacré.

F. D. : Ce sont des médiateurs de la vie qui pour nous est sacrée, surtout quand la vie porte vie qui portera vie, c'est-à-dire la fécondité sur le plan charnel. Le froid, ça nous entraîne vraiment vers des idées de mort. Eh bien l'âne et le bœuf qui sont des animaux – car nous sommes aussi des mammifères –, justement symbolisent l'animalité qui nous réchauffe les uns les autres. Et puis il y a aussi toujours, associés à ces crèches, des invisibles qui sont représentés avec des banderoles qui disent quelque chose, et qui chantent une gloire de quelqu'un qui nous dépasse tous et qui est l'origine de tous les êtres depuis que le monde est monde. Et c'est ça que les enfants voient dans la crèche même si ça ne leur est pas dit, et qu'ils reçoivent en témoignage d'une œuvre d'art, une œuvre d'art naïve, c'est une représentation naïve mais artistique de la famille en ce qu'elle a de cohésant, de réchauffant chez tout être humain qui a eu dans sa véritable famille quelque chose de tout à fait différent. C'est en ce sens-là que ça soutient.

Il ne faut pas oublier le sapin de Noël. Le sapin, c'est la végétation. Nous avons dit les animaux, nous avons dit les êtres humains, nous avons dit les invisibles, mais il y a aussi l'arbre dont les feuilles sont toujours vertes même au moment où toutes les feuilles des autres arbres sont tombées. C'est une représentation de la vie qui va au-delà de toutes les épreuves de la mort, de la chute, de l'impuissance. L'arbre sapin paraît un vivant permanent même dans les épreuves.

D. M. L. : Mais n'y a-t-il pas une sacralisation abusive proposée aux enfants ?

F. D. : Oui, les enfants croient que leurs parents sont sacrés, et c'est pour ça qu'il faut peu à peu démystifier cette croyance, cette imagination que leurs parents sont tout-puissants, que l'aspect fâché de maman signifie qu'ils ne valent plus rien du tout. Si maman est heureuse, même de quelque chose qui est mauvais pour l'enfant, il croit que c'est très bien. Nous ne pouvons pas empêcher que nous nous mystifions nous-mêmes, nous nous mystifions les uns les autres par rapport à ce sens. Et par rapport à tout, nous risquons de nous mystifier les uns les autres par le fait que nous prêtons à des gens un pouvoir, un savoir au-dessus du nôtre et qu'alors c'est eux qui ont raison.

Et c'est beau cette représentation de Noël qui, pour la première fois, montre aux enfants que c'est un bébé qui a raison. C'est un bébé qu'on admire c'est-à-dire une promesse de vie plus encore que des vies qui sont déjà ce qu'elles sont chez chacun. L'enfant doit apprendre, peu à peu, à démystifier ce qu'il a vu de sacré dans les parents. Ça ne veut pas dire que le sacré ne continue pas d'exister et de se mettre dans l'invisible, dans l'inconnu, qui va peu à peu se désacraliser du fait qu'on y découvre ce qu'il peut y avoir de loi répétitive, et c'est ce que fait la science. La science a démystifié beaucoup du sacré, mais le sacré demeure chez les êtres et aussi dans cette communication du langage dont nous essayons de comprendre les lois. Le sacré existe par le fait même qu'on le prononce, et ce qui est intéressant dans la physiologie de l'être humain c'est que tout ce qui est baptisé, sacré, dans le corps, est tout près du honteux. Il y a le sacré et le honteux dans les régions génitales qui porteront la descendance et, en même temps, le fait que nous pourrions chuter dans le plaisir pour nous, et qui ne s'accompagnerait pas du respect de cette vie qui va venir. Eh bien c'est là qu'on a mis les mots « honteux» et « sacré » : nous sommes honteux de notre impuissance, en même temps que nous nous sentons participer au sacré du fait de notre puissance procréatrice.

Le cadeau*

* Entretien réalisé en décembre 1977.

D. M. L. : Noël, c'est bien sûr la période des cadeaux, et vous savez qu'il y a un certain nombre d'années, Claude Lévi-Strauss a fait un article qui avait pour titre « Le père Noël supplicié[7] ». Dans cet article, il se posait la question : pourquoi, pourquoi diable les parents se sentent-ils ainsi obligés de faire tant de cadeaux à leurs enfants ? Qu'est-ce que ça cache ? Alors je vous pose la question : qu'est-ce que ça cache ?

F. D. : Oui, mais pourquoi ce titre, « Le père Noël supplicié » ?

D. M. L. : Il y a vingt ans de cela, à Dijon, on avait pendu et brûlé l'effigie d'un père Noël parce que le clergé avait considéré que Noël était trop profane. Beaucoup de gens s'en étaient émus, la presse en avait parlé et Lévi-Strauss en avait fait le sujet de son article.

F. D. : Je ne crois pas que les parents se sentent obligés de faire des cadeaux, je pense qu'ils sont heureux de les faire – comme toujours d'ailleurs, quand on fait des cadeaux c'est parce que ça nous fait plaisir –, mais en plus à cette période-là, il y a l'intérêt de ce mythe, du mythe du père Noël car je ne crois pas que c'est un rite, c'est plus un mythe. L'intérêt c'est que c'est un cadeau (ou des cadeaux) que l'on donne au nom du père Noël et non pas au nom de soi, père, mère, parrain, marraine, ami des enfants. Les adultes disent et font croire – et ils y croient presque – que ce n'est pas eux qui les donnent. Quand je dis qu'ils y croient presque, c'est parce que, souvent, ils donnent à ce moment-là un cadeau qu'ils ne donneraient pas dans l'année, vraiment ils mettent de côté de l'argent pour que ça soit un beau Noël. Et ce beau Noël est quelque chose qui relie les parents à leur propre enfance dans la relation à leurs parents. Les parents qui ont eu des Noëls tristes veulent que leurs enfants aient un Noël gai parce qu'ils se mettent à leur place, « Comme j'aurais aimé l'avoir, je le donne à mes enfants ». Et les parents qui ont eu des Noëls trop débordants de cadeaux – car ça arrive – savent que les enfants préfèrent égrener les cadeaux tout au long de l'année et donc, à Noël, ils ne donnent pas tout ce qu'ils pourraient donner. Ça dépend absolument des parents. Et je crois que c'est une époque où les parents prennent un peu de recul par rapport aux cadeaux qu'ils donnent, et qu'ils les donnent autant à leur enfant qu'à eux-mêmes quand ils étaient petits, et la même chose au Nouvel An. Une année se termine, l'enfant représente la nouvelle année qui vient, et ils voudraient aussi qu'elle soit pleine de bonnes choses pour eux.

D. M. L. : D'ailleurs, Noël est associé à un certain nombre de coutumes liées à la fécondité.

F. D. : Certainement. Et alors c'est amusant parce que c'est un vieillard, et les enfants s'identifient beaucoup à un vieillard. Parce qu'il ne faut pas croire que les enfants se croient jeunes ! Ils se sentent déjà très vieux et ils ont déjà une très longue histoire depuis les moins neuf mois, et puis la suite. Et très souvent les enfants aiment beaucoup les personnes âgées parce que, pour eux, elles sont plus près d'eux que ne le sont les grandes personnes, même quand ces personnes âgées n'ont pas d'enfants, parce qu'elles sont tout un monde pour eux, et en même temps elles sont comme eux qui se sentent déjà comme des lutins géants.

Au fond, le père Noël est un lutin géant, et puis c'est quelqu'un qui n'a pas eu de père, pas eu de mère, enfin quelqu'un d'imaginaire.

D. M. L. : Donc, le cadeau vient bien du père Noël, il ne vient pas des parents ?

F. D. : Mais non ! Et c'est pour cela que c'est très mauvais quand les enfants doivent dire merci à leurs parents. Et s'ils disent merci à quelqu'un… : « Mais non c'est pas à moi qu'il faut dire merci, c'est au père Noël qui a été généreux. »

D. M. L. : C'est un vrai cadeau, il n'y a pas à remercier.

F. D. : C'est un vrai cadeau, oui. Et surtout ne jamais confisquer un cadeau qu'on a donné à Noël sous le couvert du père Noël, parce que l'enfant n'y comprend rien, et ne pas dire non plus : « C'est le père Noël qui viendra te le reprendre », car alors ce n'est plus un père Noël. S'il vient le reprendre c'est un pervers, c'est un père Noël raté. Parce qu'il a disparu, le soir de Noël il n'y en a plus, c'est fini, ce n'est pas un fantôme qui va venir reprendre ce qu'il a donné.

D. M. L. : Mais souvent le cadeau de Noël est un petit peu l'objet d'un chantage. On dit à l'enfant : « Si tu es sage tu vas avoir ça, si tu n'es pas sage le père Noël ne t'apportera rien. »

F. D. : Mais oui, et c'est très dommage, parce que justement, le père Noël sait qu'un enfant ne peut pas être conforme, le père Noël, enfin, le mythe.

D. M. L. : Vous semblez y croire ?

F. D. : J'y crois justement parce que c'est important qu'il y ait cet adulte hors de la mode, hors du temps actuel, hors de la morale, alors qu'on demande à l'enfant d'être toujours d'accord, d'accord avec la morale, et le père Noël sait bien – il en a tant vu depuis le temps, il est vieux comme le monde – qu'un enfant ne peut pas être conforme au désir de ses parents. Il est comme il est, il fait ce qu'il peut et c'est justement ce jour-là que l'enfant pourrait être déchargé de toute sa culpabilité de ne pas être comme il faudrait être, et le père Noël fait ce qu'il peut. Et c'est important aussi, quand l'enfant désire un jouet, qu'on ne lui dise pas : « Il ne te l'apportera pas » ou qu'on ne lui explique pas pourquoi : « Parce que le père Noël, il est comme nous, il n'est pas riche. »

D. M. L. : Oui, c'est le problème des enfants qui désirent des objets ou des cadeaux que les parents ne peuvent pas offrir.

F. D. : Oui. Alors, il faut leur en parler en disant que c'est bien qu'il ait envie de quelque chose. On peut lui répondre au nom du père Noël : « Je suis très content que tu aies envie de cette chose, et puis, tu vois, je suis très malheureux. Dans mon porte-monnaie, je n'ai pas trouvé de quoi t'apporter cette chose-là », et ça permet un beau jour de dire aux enfants : « Mais, tu sais, le père Noël, c'est nous. – C'est vous ? – Eh oui ! et c'est pour ça que, quand tu étais petit, tu croyais que tu pouvais avoir de très beaux jouets et puis nous ne pouvions pas les payer. » Vous voyez, c'est très important, parce qu'il est un mythe mais les enfants sentent très bien que c'est aussi les parents, mais les parents en tant que mythe de générosité dont l'enfant attend toujours qu'ils soient cela pour lui.

D. M. L. : Vous parliez tout à l'heure du vrai cadeau, qu'est-ce que c'est le vrai cadeau ?

F. D. : Eh bien, le vrai cadeau, c'est celui que l'enfant attend, ce n'est pas lui donner mieux que ce qu'il attend. Il y a des enfants qui attendent quelque chose de minable.

D. M. L. : Je pense à une histoire qu'on m'a racontée. On a apporté un jour à deux petites filles une énorme boîte dans laquelle il y avait un tas de choses. Et elles ont cherché dans la boîte pour trouver un tout petit objet qu'elles voulaient, et c'était une petite étiquette qui leur permettait de marquer leurs vêtements. C'était ça, leur désir.

F. D. : C'est ça. Alors je crois que les parents doivent être vraiment à l'écoute de ce que les enfants désirent, et ne pas oublier que la moindre petite chose qu'ils désirent, qu'ils trouvent idiote mais qui est pour l'enfant quelque chose d'important, cette chose-là il doit la trouver dans son soulier.

D. M. L. : Est-ce qu'il y a des cadeaux moches ?

F. D. : Les cadeaux moches, ce sont ceux dont on sent que les parents ne veulent pas qu'on les démolisse, auxquels ils sont plus attentifs qu'au reste, alors qu'un cadeau doit appartenir totalement à l'enfant, quoi qu'il en fasse après. Et même s'il le donne à son petit voisin, ce qui prouve qu'il n'y tenait pas tellement. Il est à lui, il en fait ce qu'il veut. Le cadeau moche, c'est celui qui est retenu en partie ou en totalité par les parents. Un autre cadeau moche, c'est un cadeau qui ne permet pas l'imaginaire de l'enfant, où tout est là et il ne peut rien y changer. Ça l'amusera dix minutes parce que c'est nouveau.

D. M. L. : Vous parlez des cadeaux tout faits, des gadgets ?

F. D. : Oui, des cadeaux tout faits, des poupées qui parlent, qui pissent, qui crottent, qui font tout, qui marchent, si bien qu'on ne peut plus imaginer rien d'autre, et qui ne peuvent même pas dire autre chose que ce que la bande magnétique dit. Heureusement qu'on casse très vite ces systèmes parce que sans ça, ce sont des poupées monstrueuses pour l'enfant, puisque la poupée est un objet grâce auquel l'enfant imagine n'importe quoi dans la relation à autrui.

Alors les cadeaux moches, ce sont les cadeaux qui

font plaisir aux parents et pas à l'enfant, et il y a beaucoup de parents qui donnent des trains électriques pour s'amuser avec, et puis disent à l'enfant : « Non, non, tu peux pas encore y toucher », ou bien c'est un cadeau dont il aura vite fait le tour. À moins que l'enfant ne désire un cadeau comme celui-là, il ne faut pas le lui donner. Il faut lui permettre d'y jouer dans les magasins et après trois, quatre fois, il verra qu'il en a fait le tour et que ce n'est plus très amusant.

Enfin, le cadeau désiré, c'est surtout ça qu'il faut voir. Et si ce cadeau désiré, l'enfant ne peut pas l'avoir, il faut lui expliquer pourquoi il ne l'a pas et lui dire : « Si tu ne peux pas avoir celui-là, de quel autre aurais-tu envie ? », et laisser parler l'enfant de cela, parce que les cadeaux surprise que l'enfant n'attendait pas ne lui font pas plaisir le jour de Noël.

D. M. L. : Donc il faut que l'enfant puisse exprimer son désir.

F. D. : C'est ça, et c'est très différent du cadeau donné par une personne. Le cadeau donné par une personne à une autre occasion, qui peut très bien être une surprise à laquelle il ne s'attendait pas.

D. M. L. : Noël, c'est très particulier.

F. D. : Noël, c'est très particulier parce que c'est un

lutin géant que chacun de nous a dans le cœur et qui croît en rapport avec son imaginaire, tout à fait. Il est loin des réalités. Du côté des parents, il ne peut pas en être loin puisque ce sont eux qui achètent le cadeau, mais pour l'enfant lorsqu'il croit, comme on dit, au père Noël, eh bien, c'est un cadeau de son propre imaginaire qu'il a projeté dans le père Noël.

D. M. L. : Et le cadeau que l'enfant fait aux parents ?

F. D. : À partir du moment où l'enfant sait que le père Noël est un mythe, alors il ne faut pas lui dire que ce n'est pas vrai. Le mythe est une autre manière d'être vrai. « À partir de maintenant que tu sais que ce sont les parents qui donnent le cadeau à Noël, tu peux être toi le père Noël, ça veut dire que tu donneras à tes parents quelque chose dont tu sais ou tu supposes qu'ils auraient envie, tu le leur donnes et surtout tu ne leur diras pas que c'est toi. Et s'ils veulent te dire merci, tu diras : "Mais non, ce n'est pas moi, c'est le père Noël." » Alors l'enfant se met à être dans le jeu du mythe et c'est extraordinairement poétique pour lui. Ce n'est pas du tout la même chose que le cadeau qu'il fera un autre jour. Un cadeau de père Noël n'achète jamais, tandis que dans tout cadeau nous achetons l'amour un peu, nous en donnons pour en recevoir. Et le cadeau justement qui est donné par le père Noël, c'est un cadeau qui ne demande rien en échange. C'est ça la particularité de ce cadeau rituel donné par un être mythique.

D. M. L. : Ça serait le seul vrai cadeau, finalement.

F. D. : Ça serait le seul vrai cadeau, oui.

D. M. L. : Et en ce qui concerne le sacrifice ? Vous savez que des parents font des sacrifices pour faire des cadeaux, ou disent : « Je me sacrifie. »

F. D. : Eh bien, ils ont tort, parce que s'ils réfléchissent, ils sacrifient à leur propre idéal de parents, et bien des enfants n'en demandent pas tant à leurs parents, cependant que plus tard ils comprendront ce qui s'est passé. Ces enfants « ingrats » deviendront des parents, généreux, comme leurs parents, et j'espère qu'ils ne diront pas, eux, qu'ils se sont sacrifiés.

Nous sacrifions à nos enfants parce que nos enfants représentent un nous-même par-delà notre mort. Du moins nous espérons qu'ils représenteront notre vie encore vivante quand nous serons morts. C'est ça, un enfant, c'est la génération montante qui remplace la relation descendante du fait de la mort. Et pourquoi est-ce au moment de Noël ? Parce qu'il y a des arbres qui ne se dénudent pas, le sapin, et le temps qui ne s'arrête pas. Alors, c'est vrai que des parents, comme on dit, se saignent aux quatre veines pour leurs enfants, mais ce n'est pas aux enfants à le savoir, ni à leur en être reconnaissants. Au fond, le seul devoir qu'ont les enfants vis-à-vis de leurs parents, depuis tout temps écrit dans la Bible, c'est de les honorer, ce n'est pas du tout de les aimer, en tout cas pas comme les parents croient qu'ils ont à être aimés. Ils aimeront leurs enfants comme ils ont été aimés par leurs parents. Ou quelquefois mieux qu'ils n'ont été aimés par leurs parents, parce qu'ils se rappellent que leurs parents n'ont pas pu faire tout ce qu'ils auraient voulu, et ils veulent donner à leurs enfants ce qu'ils auraient voulu recevoir. Et c'est un peu égoïste, mais le cadeau est toujours un peu égoïste, sauf le cadeau de Noël qui peut n'être pas du tout égoïste, alors profitons-en !

D. M. L. : Et les autres cadeaux, les cadeaux de première communion, d'anniversaire, de Fête des mères ?

F. D. : Le cadeau d'anniversaire, c'est un souvenir du passage, quitter un passé, c'est tout à fait différent. C'est un cadeau entre deux êtres qui s'aiment et qui veulent se faire plaisir. Ce n'est pas du tout la même chose que le cadeau de Noël qui est un cadeau à l'enfance éternelle, donné par les adultes qui se savent promis à la disparition et qui veulent laisser un souvenir d'une fête par an à un enfant parce qu'eux-mêmes ont été enfants, et c'est un moment de rêve pour tous. D'ailleurs, on y met de la lumière, on y met tout ce qu'on peut de plus beau.

D. M. L. : Et la Fête des mères ?

F. D. : C'est très joli, la Fête des mères, mais c'est tous les jours, tous les matins, quand un enfant se réveille et qu'il est en bonne santé.

D. M. L. : Il n'y a pas de raison de faire une fête particulière ?

F. D. : Mais je crois que cette fête particulière, c'est commercial.

D. M. L. : Et Noël, ce n'est pas commercial ?

F. D. : C'est devenu commercial, mais c'est autre chose aussi, et puis ça réunit. C'est peut-être, dans notre société, la seule époque où tout le monde est à l'unisson du fait de cette fièvre des fêtes. Et puis il y a deux fêtes qui se suivent, Noël et le Nouvel An, et on va gueuletonner. Pour tous les parents c'est un moment de joie, mais pour beaucoup d'adultes c'est un moment de tristesse aussi parce qu'ils n'ont pas de famille. C'est une fête de famille, il faut y penser. Je crois que la télévision y pense parce qu'on fait vraiment à ce moment-là des programmes qui sont plaisants pour les adultes solitaires. Je crois que c'est très important.

Langage
et fonction symbolique

1. Communiquer avec les enfants sourds*

D. M. L. : En qualité de psychanalyste, vous avez été amenée à travailler avec des enfants sourds qui avaient des problèmes psychologiques assez sérieux à cause de leur handicap[8].

F. D. : Oui mais ce handicap, pour certains que j'ai soignés, était inconnu des parents et du médecin qui me les envoyait. Ils pensaient qu'il s'agissait d'enfants inadaptés, caractériels, retardés, et même pour l'un de ces enfants, il s'agissait d'un psychotique, soi-disant. C'est à l'occasion de la prise de contact, de communication que je pouvais avoir avec eux, que la découverte de la surdité a transformé complètement le diagnostic. On a pu en appareiller certains, mais c'était très tard. Pour l'un d'eux, c'est à douze ans qu'on s'est aperçu qu'il était un enfant sourd alors qu'on avait posé un diagnostic de psychose infantile.

* Entretien réalisé en 1981.

D. M. L. : Donc, c'est l'absence totale de communication qui faisait que ces enfants étaient considérés comme profondément perturbés.

F. D. : Voilà. Ce sont des enfants qui n'avaient de communication que par rapport à leurs besoins rois.

D. M. L. : Besoins rois, pouvez-vous préciser ?

F. D. : Naturellement ils vivaient, ils étaient même superbes au point de vue physique ! La mère savait comprendre les signaux de la faim, des besoins. Tout était en termes de besoins. Pour signifier quelque chose, soit par rapport au langage des parents à leur égard, soit pour eux, ils avaient besoin du corps de l'autre, ils avaient besoin de quelque chose à leur corps, mais il n'y avait pas de véritable communication. Il y a parfois des signaux, des coups d'œil, chez les enfants très intelligents, et on croit de ce fait qu'ils sont entendants mais qu'ils refusent de parler. Mais ce n'est pas vrai, ils sont à la recherche, au guet d'une communication de coups d'œil, de mimiques, d'ambiance, de climat affectif et ils sont généralement beaucoup plus intelligents que les autres, ceux qui continuent de faire croire qu'ils ne sont que caractériels. Et puis il y en a beaucoup qui tombent dans la débilité apparente parce qu'il n'y a pas eu assez de signaux, justement, venus de la part de la mère à distance de leur corps. Alors, devant ce fait, j'ai pensé qu'il devrait y avoir une langue codée et j'ai appris qu'il y avait la langue des signes, et c'est ça qui m'a intéressée aux enfants sourds et à la langue des signes.

D. M. L. : Mais alors à quel moment pourrait-on introduire la langue des signes comme moyen de communication ?

F. D. : Moi je dis : dès le début de la vie. Dès qu'il y a possibilité pour l'enfant de percevoir, de rechercher du regard sa mère, c'est à ce moment-là qu'un enfant sourd devrait recevoir le code de la langue des signes. Par exemple, tout ce qu'elle va faire pour lui, elle le lui dit avant, et puis une fois que sont terminés les soins au corps à corps, elle lui dit ce qu'elle a fait, et puis lorsqu'il regarde quelque chose, elle lui dit le signe de cette chose. Et c'est pour ça que les parents qui savent qu'ils ont un enfant sourd ne doivent pas se désespérer, ils doivent au contraire se dire : « Il faut que j'apprenne la langue des signes. » Et c'est énorme, parce que les parents qui ont un enfant sourd se sentent aussi découragés de ne pouvoir communiquer avec lui. Bien sûr qu'il y a des enfants intelligents qui comprennent le mouvement des lèvres, je dirais qu'ils intuitionnent le langage que leur mère veut avoir avec eux, mais il se trouve aussi que des parents qui ne sentent pas l'enfant les appeler puisqu'il ne fait pas de vocalises sont peu enclins à lui parler.

D. M. L. : Et on aurait tendance à le laisser seul sans communiquer avec lui.

F. D. : Oui, et c'est pour ça que si on enseigne aux parents la langue des signes, alors ils peuvent faire quelque chose pour intéresser leur enfant à ce qui va se faire, à ce qui s'est fait, et aussi à ce qui va se passer. Imaginez un bébé qui déjà connaît bien sa mère, et qui la voit. Parce qu'elle a entendu arriver l'auto de son mari, elle sait qu'il est en train d'arriver, elle va vers la porte et le père arrive. Pour l'enfant, cette mère fait de la haute magie, elle va vers la porte et quelqu'un entre. Et lui, il va essayer d'en faire autant comme tout enfant qui imite sa mère, il va vers la porte et puis rien ne vient, bien sûr. Mais si elle peut lui expliquer l'arrivée de l'auto qu'elle a entendue, si elle peut lui expliquer qu'il n'entend pas, qu'il n'a pas les perceptions par les oreilles, alors qu'elle les a, il comprend autrement son être-au-monde et il comprend autrement la relativité de la puissance toute magique des autres.

D. M. L. : Oui, mais alors certains vous diront que si les enfants apprennent la langue des signes, ensuite ils n'accepteront pas aisément une rééducation qui les démutisera.

F. D. : C'est faux. Si on a pensé cela, c'est parce que c'étaient des enfants qui, parce qu'ils étaient sourds, étaient absolument encoqués dans leur milieu familial et étaient à la limite phobiques de tout contact extérieur à leur espace humain et à leur maison, le coin qu'ils connaissaient. Aussi ils avaient un traumatisme, traumatisés par le contact avec les autres enfants et les autres adultes, et ils fuyaient ce qui pouvait venir des adultes. Mais ils n'avaient pas été introduits par le langage de la mère à la communication avec les autres personnes. Ça arrive aussi avec les enfants entendants, des enfants qui ont été plusieurs fois, sans y être préparés du tout par le langage, abandonnés par la maman un jour, deux jours, même une journée à la garderie, ensuite ils sont absolument pots de colle. Et les enfants sourds qui sont restés jusqu'à deux ans, trois ans uniquement dans les signaux compris par leurs familiers, bien sûr ils ont très peur des autres, du reste de la population.

Mais les enfants sont curieux d'apprendre tout ! Et s'ils sont préparés à la fréquentation de tous, alors ils ont une curiosité très grande de tous les autres langages. La preuve en est la curiosité des enfants entendants pour le langage des signes des non-entendants. Eh bien c'est la même chose : les non-entendants ont une curiosité pour la manière de communiquer entre eux des entendants s'ils ont été préparés à aimer la société.

D. M. L. : Et vous avez donc souhaité vous-même promouvoir cette langue des signes auprès des parents.

F. D. : Oui, et nous avons même fondé une association qui est articulée à l'Institut Saint-Jacques des jeunes sourds, à Paris, qui s'appelle Communication précoce entendants non-entendants (CPENE), et nous sommes tout un groupe qui travaillons à promouvoir les moyens d'enseignement aux parents, par l'audiovisuel, de la langue des signes pour tout ce qui concerne la communication avec un enfant de zéro à trois ans. Vers deux ans et demi, trois ans, un enfant ainsi préparé pourra aller avec les autres enfants en profitant, comme sa mère et toute la famille, de l'enseignement qu'il aura reçu d'une personne spécialisée ou d'une école spécialisée. Mais l'important c'est que l'enfant ait été préparé à cette communication avec tout un chacun, entendant ou non-entendant, et qu'au début, aidé par des personnes spécialisées, peut-être aussi par des appareillages pour ceux chez qui c'est possible, il puisse être en rapport le plus longtemps possible dans sa journée et dans sa semaine avec le tout-venant et non avec un enseignement seulement spécialisé. L'enseignement spécialisé sera nécessaire pour la langue orale, écrite, et la bonne prononciation verbale et gutturale de la langue orale, mais tout ceci me semble devoir être préparé de zéro à trois ans et c'est pour ça que nous y travaillons au CPENE, c'est un travail qui commence[9].

L'entretien qui suit a eu lieu quelques années plus tard, en juin 1988, soit deux mois avant le décès de Françoise Dolto. Nous avions poursuivi l'entretien sur les enfants sourds avec un objectif précis, issu du travail mené dans le cadre de l'Association enfance communicante (AEC), dont elle était la fondatrice. Outre une consultation pour parents d'enfants sourds et la création d'une maison Arc-en-ciel[10] *ouverte aux très jeunes enfants sourds et entendants et à leurs parents, l'AEC s'était donné pour objectif la production d'une série de documents audiovisuels qui devaient enseigner la langue des signes aux parents entendants d'un bébé sourd afin de lui permettre de se situer parmi les êtres et les choses. Pour Françoise Dolto, cette introduction à la langue des signes dès le plus jeune âge devait favoriser l'accès de l'enfant au symbolique. Chacun des documents filmiques – nous avions travaillé sur une dizaine de scénarios – devait être introduit par Françoise Dolto. Son état de santé ne permettant pas qu'on la filme, elle avait accepté cette interview sur les thèmes que nous avions ensemble sélectionnés : biberon, bain, distinction entre l'animé et l'inanimé, nomination de la parentèle, de la surdité, etc. Les propos seraient alors introduits en* off *sur les images réalisées. Mais le décès de Françoise Dolto, en août 1988, a mis un terme à ce projet. Il en reste cet entretien.*

D. M. Lévy

2. Le signe*

D. M. L. : J'aimerais que tu rappelles pourquoi il est indispensable que les parents d'un nourrisson lui parlent, que ce nourrisson soit sourd ou entendant.

F. D. : C'est important parce que l'être humain se construit sur un trépied qui est : besoin, désir et relation. Alors, tout ce qui lui est donné en matérialité (besoin de nourriture, besoin de soins de propreté), tout cela éduque son corps à des sensations de corps, et ne l'éduque pas aux variations de plaisir et de moindre plaisir s'il n'y a pas des mots de la mère qui accompagnent sa propre modulation à elle de contentement ou de moindre contentement de son enfant. Et si la mère ne peut pas le signifier par un autre moyen que le corps à corps, il n'y a pas de vie symbolique. C'est comme si un enfant était un petit chiot élevé par sa maman chienne. Il faut du langage pour que la vie symbolique que tout être humain

* Entretien réalisé en juin 1988.

possède – sans arrêt il est dans la fonction symbolique depuis sa conception – puisse structurer cette personne comme un sujet et non pas comme un objet d'un autre objet plus grand, plus volumineux et plus tactile, comme quelqu'un qui n'est qu'une source de besoins qui serait la mère. Je ne sais pas si c'est clair mais c'est comme ça que je comprends la nécessité de s'occuper extrêmement tôt de la signification à l'enfant de ce qu'on fait pour lui.

D. M. L. : Que pourrais-tu préciser de la fonction symbolique ?

F. D. : Elle existe chez tout être humain, c'est un langage intérieur. L'être humain a la parole, ce qui ne veut pas dire un langage verbal. Il a la parole, c'est-à-dire qu'il a la possibilité d'une représentation de ce qui le fait vivre, et vivre c'est avoir des variations entre le plaisir et la peine.

D. M. L. : Donc l'enfant sourd a la parole, d'une certaine façon ?

F. D. : Il a la parole, tout à fait. Il n'a pas le langage verbal mais il est construit par le verbe comme nous le sommes tous, c'est-à-dire le langage, matrice de tous les langages qui est la relation entre des perceptions triangulaires qui permettent à un sujet de se sentir, dans un corps objet, un sujet de désir, un sujet qui est aussi un objet de besoins mais qui est un sujet de relations avec un autre être qui s'il parle est humain, s'il ne parle pas est un être végétal ou animal.

D. M. L. : Donc, en clair, cela signifie que sur toutes les fonctions de l'être humain : manger, déféquer...

F. D. : ... il faut des signifiants verbaux, pas toujours une langue parlée auditive – ça peut être une langue exprimée par des signes –, mais un code de relations entre deux sujets qui ont tous les deux un corps qui a des sensations.

D. M. L. : Alors, parlons de ces sensations, et peut-être du bain. C'est un moment très important, un moment privilégié ?

F. D. : Oui, parce que l'enfant retrouve, avec le bain, une sensation qu'il a connue *in utero* dans les eaux amniotiques. Et en même temps il n'y respirait pas et maintenant il respire, donc il éprouve une sensation qu'il retrouve. Et il a besoin que sa maman lui parle de l'eau, de l'eau qui est chaude, qui est trop froide, pas assez chaude ou pas assez froide, lui fasse couler de l'eau en lui disant : « L'eau coule », lui donne des verbes concernant cette eau dont il a la perception par d'autres moyens que ceux qu'il avait avant. C'est-à-dire que maintenant, il l'a par les yeux, pas par les oreilles. Mais quand, par exemple, il en reçoit dans le nez et que ça le gêne, ou dans les yeux et que ça le pique, qu'elle le lui dise. Il faut des mots, des verbes qui traduisent les sensations agréables ou désagréables que l'enfant éprouve au bain.

D. M. L. : Il faut des mots pour les sens, mais qu'en est-il du sens manquant de l'enfant ?

F. D. : Puisque la mère ne sait pas qu'il est sourd, elle ne connaît pas ce sens manquant, elle va donc lui parler. Un enfant qui entend, il aime plonger ses oreilles dans l'eau. La maman lui dit : « Quand tu as tes oreilles dans l'eau, tu entends moins bien que quand elles sont sorties de l'eau. » Elle peut dire la même chose à un enfant sourd. Il a entendu ça ? Peut-être, on n'en sait rien, mais il a eu une perception de l'eau dans ses oreilles, et sa mère lui fait un petit discours là-dessus. La mère a à parler ce qu'elle ressent, l'enfant en entend ce qu'il a à en entendre et ça ne regarde pas la mère ce qu'il en entend. Et c'est ça qui est embêtant : quand les mères savent que leur enfant est sourd, elles ne leur parlent plus comme avant, et c'est mauvais pour l'enfant parce que tout enfant intuitionne le langage, même s'il ne l'entend pas. Du fait que quelqu'un veut communiquer avec un enfant, authentiquement communiquer, cet enfant a l'entendement de ce qui lui est dit. Et nous en avons la preuve avec des nourrissons qui jusqu'à trois ou quatre mois entendent tous les langages de la terre, chinois, japonais, indo-américain, etc., si la personne qui leur parle veut communiquer avec eux. C'est vers trois, quatre, cinq mois que l'enfant en arrive à avoir besoin des manières de s'exprimer auditivement de la mère, y compris de l'accent. Un enfant du Midi n'entend pas une personne du Nord quand elle dit les mêmes choses que la mère, à partir de quatre, cinq mois. Avant il l'entend aussi bien que si elle parlait chinois. Donc l'enfant est dans le verbe mais, peu à peu, il s'initie aux codes de la relation à la mère et au père. Voilà pour les sensations que l'enfant éprouve. Mais il a besoin que sa mère lui dise aussi ce qu'elle ressent à travers lui, pour lui, avec lui, puisque c'est une dyade vraiment fusionnelle par moments tout à fait, et par moments moins fusionnelle quand le père est là, quand il y a plusieurs personnes là, mais c'est toujours à travers la mère que l'enfant perçoit le monde, donc à travers ce qu'elle lui donne comme variations de perceptions.

D. M. L. : Tu dis que l'enfant intuitionne. Est-ce qu'il n'y a pas des choses qu'il faut dire de façon très claire et très précise et que l'enfant ne peut pas réellement intuitionner comme, par exemple, la parenté ou d'autres choses.

F. D. : Il intuitionne parfaitement la parenté. C'est

peut-être même la chose qu'il intuitionne la première et sur laquelle on le trompe le plus souvent. Un enfant sait très bien qui est la mère de sa mère. Mais quand on appelle grand-mère n'importe quelle brave dame à cheveux blancs, on lui brouille les idées. Et c'est ça qu'il faut dire aux mères : parlez juste à vos enfants car ils sentent juste, et si vous parlez faux vous trompez leurs sensations, et peut-être encore plus un enfant sourd qu'un enfant entendant parce que l'enfant entendant entend beaucoup de personnes parler et peut réparer une erreur dite par la mère. L'enfant sourd, non.

D. M. L. : Et l'interdit de l'inceste, serait-ce aussi une intuition ?

F. D. : L'interdit de l'inceste est intuitionné par le fait même de la chasteté de la mère et du père dans leur relation à l'enfant. Il est vrai qu'il y a des parents qui sont incestueux avec leur enfant sans s'en rendre compte, et c'est grâce à la parole seulement que l'enfant entend quelque chose qui correspond à ce qu'il a comme sensations. Une mère qui dévore son enfant de baisers est une mère incestueuse pour un nourrisson. Une mère qui l'embrasse d'une façon symbolique, c'est-à-dire qui fait un geste comme si elle le goûtait – ce qu'est le baiser – mais qui n'en fait pas plus, eh bien elle ne le cannibalise pas et c'est déjà du symbolique. Mais il y a des mères qui justement n'ont pas de symbolique et satisfont un besoin en embrassant leur enfant en le mordillant, et elles lui donnent des sensations érotiques qui sont du type incestueux pour l'enfant bien que, si on leur disait ça, elles seraient fâchées. Ce sont des enfants qui ont besoin, plus que d'autres, d'entendre l'interdit de l'inceste au moment où eux-mêmes ont des mouvements volontaires vis-à-vis de ceux qu'ils aiment. Mais déjà à la naissance, la rupture du cordon ombilical – la relation à la mère qui n'est plus que tactile et qui n'est plus fusionnelle par le courant sanguin –, c'est déjà un début de ce que nous appelons la castration, c'est-à-dire la relation interdite de total contact comme l'enfant le voudrait et certaines mères aussi.

D. M. L. : Et la différence des sexes ?

F. D. : La différence des sexes ne peut pas se comprendre chez un enfant très tôt. Il en a l'intuition puisque les nourrissons de deux ou trois jours ont déjà l'intuition olfactive de l'homme ou de la femme. Et ils ont l'intuition de savoir auditif, ceux qui ne sont pas sourds, puisqu'ils perçoivent davantage *in utero* la voix masculine, la voix basse aux fréquences basses, plutôt que la voix féminine aux fréquences hautes. Donc la différence des sexes fait partie, dès l'origine, des perceptions variantes reconnaissables par l'enfant.

D. M. L. : Mais est-ce que cela aussi doit être dit, signifié ?

F. D. : Ça l'est, c'est pas que ça doit. Tu ne vois pas des parents qui ne disent pas, au moins à la naissance : « C'est un garçon. »

D.L. : Des parents muets ne le signifient pas, enfin pas toujours.

F. D. : L'enfant a une perception de sa mère féminine, par l'olfaction, quand il est passé à travers ses voies génitales, et du père qui n'a pas la même odeur. Les hommes et les femmes n'ont pas la même odeur, les enfants sont tout à fait clairs là-dessus. Nous, nous avons oublié, mais les enfants pas du tout. C'est d'ailleurs par l'odeur qu'ils reconnaissent les hommes et les femmes. Pas besoin de leur dire. Évidemment c'est mieux de coder ce qu'ils ressentent. Tout doit être codé, je te l'ai dit au début. Si on ne code pas, l'enfant le sait tout de même, mais il n'est pas encore dans la relation aux humains concernant cette perception.

D. M. L. : Dans tes consultations, tu disais qu'il fallait expliquer, distinguer l'inanimé et l'animé, le vivant et le mort.

F. D. : L'animé et le vivant, c'est ce à qui on peut

faire du mal. C'est important, le mot, avec les enfants entendants. Le mot, c'est « blessé » ou « cassé ». Il y a beaucoup d'enfants qui disent d'un enfant qui s'est fait mal : « Il est cassé. » Non, il est « blessé ». Les choses se cassent, les humains sont blessés ou sont malades, et c'est important. Voilà des mots qui sont très importants à dire à un enfant quand il parle d'une poupée en disant qu'elle est malade. Non, c'est une poupée, elle est abîmée, mais elle n'est pas malade. Ce qui est malade se répare naturellement. La vie répare ce qui a été blessé par une maladie ou par un incident physique, tandis que les objets, il faut les raccommoder, ce ne sont pas du tout les mêmes mots.

D. M. L. : En ce qui concerne les émotions, ne crois-tu pas que des enfants sourds, en particulier, peuvent être débordés par leurs émotions ?

F. D. : Tous les enfants qui n'ont pas de mots pour les dire peuvent être débordés par leurs émotions. Je me rappelle un enfant qui éprouvait une émotion d'une violence de joie qu'il ne pouvait pas maîtriser, qui se tordait de douleur tellement il avait mal au ventre de plaisir, et qui criait à sa mère : « Mais qu'est-ce que j'ai ? Je suis malade, je suis trop content, j'ai mal au ventre, j'ai mal au ventre. » Et la maman lui a dit : « Mais tu es ravi ! » Tout de suite il a pu se mettre sur ses jambes, il avait quatre ans, et aux quatre points cardinaux de la pièce où il était, au plafond, il a crié aux quatre coins de la pièce : « Je suis ravi, je suis ravi, je suis ravi. » Et il a dit : « Heureusement que tu m'as dit un mot, sinon je crois que mon ventre éclatait. »

D. M. L. : C'était le mot juste ?

F. D. : C'était un mot, ce n'était peut-être pas le mot juste, mais c'était un mot nouveau qui traduisait une émotion insupportable au point de vue somatique. Donc ce qui est intéressant, c'est que son frère plus jeune, qui avait deux ans un quart à ce moment-là, qui a éprouvé la même joie indicible et immaîtrisable, disait à son grand frère et à la cantonade, en sautant sur place : « Tu n'as qu'à dire : "Caca, caca, caca, caca, ça arrange tout !" » Et le grand avait beau essayer de dire « Caca », ça ne faisait rien du tout, et heureusement que la mère a trouvé le mot : « Tu es ravi. » Voilà un exemple des enfants entendants.

Alors un enfant sourd, certainement il peut être débordé de joie ou débordé de peine, et ça se traduit somatiquement. D'ailleurs on sait qu'il y a des enfants qui sont encoprétiques, soit par émotion désagréable, soit par émotion agréable. Ils n'ont pas de mots pour dire leur peine ou leur joie, et alors au lieu de chercher un mot, au moment où ils sont en train de lâcher leurs excréments hors de propos – puisqu'ils sont déjà des enfants continents –, on les gronde d'être incontinents alors que c'est la seule manière qu'ils ont d'exprimer un trop-plein de jouissance douloureux ou de jouissif plaisir. Il faut des mots, les humains ne peuvent pas vivre sans mots.

D. M. L. : Je reviens au sens qui manque à l'enfant, à la surdité.

F. D. : Mais je pense qu'il ne lui manque rien du tout. C'est nous, parce que nous sommes entendants, qui nous disons qu'il leur manque quelque chose. Ça existe, des humains voyants, qui ont le talent, le don de la « voyance ». On ne dit pas de ceux qui ne sont pas « voyants » qu'il leur manque quelque chose, parce qu'il n'y a pas tellement de gens qui sont « voyants ». Mais c'est pareil. Comme il y a beaucoup de gens qui sont entendants, on croit qu'il manque quelque chose à ceux qui n'entendent pas. Il ne leur manque rien du tout pour vivre, sauf si ceux qui les éduquent, les parents, trouvent qu'il leur manque quelque chose. Mais les enfants sourds ont tout ce qu'il faut pour se développer et entrer dans un code de communication avec les autres.

D. M. L. : Il y a tout de même des moments où il faut faire comprendre à un enfant sourd qu'il y a quelque chose qu'il n'a pas pu comprendre.

F. D. : Ce sera assez tard qu'il rencontrera des enfants qui s'expriment, comme on peut rencontrer quelqu'un qui vous dit une « voyance », et puis on dit : « Il est complètement fou, celui-là. » Et en effet cette personne a raison puisque l'accident dont elle parle ou le tremblement de terre qu'elle a ressenti, tout le monde l'apprendra quelques heures après par le journal[11]. Mais quand cette personne raconte ça, on dit : « Cette personne-là vaticine. »

Il ne manque rien aux enfants sourds, ils sont différents de ceux qui sont entendants. Ils font, à ceux qui sont entendants, manquer de pouvoir de relations à eux. Donc, il faut que les parents comprennent ça, que leur enfant a tout ce qu'il faut pour vivre, à condition qu'ils lui donnent des codes qui remplacent le code auditif des autres.

D. M. L. : Et quels sont ces codes ?

F. D. : Ce sont des visuels de la bouche qui prononce, ou des signes qui disent les lettres, enfin tout ce qui est la langue qu'on a inventée pour les sourds[12]. Mais les sourds entre eux n'ont même pas besoin de code parce qu'ils se comprennent.

D. M. L. : Oui, mais ils ont un besoin de communication.

F. D. : Ils communiquent, mais beaucoup plus corps à corps si on ne leur a pas donné des codes de signification de ce qu'ils ressentent à distance du corps à corps. Et c'est la distance du corps à corps qui permet la communication symbolique. C'est ça, ce qui est chez les humains.

D. M. L. : Est-ce important de faire comprendre à un enfant, tout petit, la notion de temps ?

F. D. : C'est sûrement important, bien que ce soit tout à fait faux. Nous vivons sur ce faux, mais c'est important de le mettre au courant du faux qui est important pour nous. Maintenant on a des heures jusqu'à la minute près, etc., autrefois on parlait de la première, de la deuxième, de la troisième heure, c'était des moments de la journée un petit peu flous, ça suffisait aux humains, maintenant ça ne suffit plus depuis que la technologie est si avancée.

D. M. L. : Mais, dans le temps, il y a transformation des choses, les saisons…

F. D. : Sûrement, c'est leur observation des saisons. Mais le temps des saisons n'est pas le même que le temps d'une journée pour un enfant. Pour lui, le temps est scandé par la vue et la non-vue de sa mère et de ceux qu'il aime, dont il dépend, et peu à peu il faut lui montrer que le temps c'est plus abstrait que cela, comme à tous les enfants, ni plus ni moins aux sourds qu'aux autres.

D. M. L. : En ce qui concerne les objets familiers,

est-ce qu'il y a une relation de l'enfant aux objets familiers, aux jouets, par exemple, qui a besoin d'être signifiée ?

F. D. : Jamais les parents ne peuvent signifier à un enfant sa relation à ses jouets. C'est une relation tellement intime et tellement personnelle qu'il n'y a pas de mots dessus. Les relations que nous avons aux objets sont indicibles. On peut dire le nom du jouet. Nous ne pouvons parler que de ce qui est commun, la couleur, le contexte, la matière du jouet, mais le plaisir que l'enfant y éprouve et ce qu'il traduit de lui à travers la relation à cet objet, les parents ne le sauront jamais. Ils ne peuvent que respecter l'affection, l'attachement qu'un enfant a pour un jouet, le respecter d'autant plus que ce jouet est délabré, et peut-être plus encore pour un enfant sourd que pour un enfant entendant, car il a besoin de garder des jouets qui datent du début de sa vie humaine.

D. M. L. : Pourquoi pour lui plus que pour les autres ?

F. D. : Parce qu'il n'a pas les mots auditifs, les berceuses, les souvenirs auditifs, les souvenirs qu'un enfant a depuis le premier jour de sa vie. Donc il a des souvenirs visuels, tactiles et olfactifs, dont il faut lui laisser la matérialité parce que c'est le souvenir de lui, de lui avec sa maman dès l'origine.

D. M. L. : Et qu'est-ce qui peut remplacer précisément la berceuse au moment de l'endormissement ou du coucher de l'enfant sourd ?

F. D. : Ce qu'on voit quelquefois, c'est le tic-tac d'une pendule, le jeu des mobiles dans l'air, dans un rythme. Il faut de toute façon que ce soit quelque chose de rythmé puisque le sommeil c'est l'entrée dans un rythme différent dans la relation aux êtres et aux choses, différent du rythme de la vie animée d'éveil. Donc, c'est la transition entre l'animation active volontaire et l'animation végétative du rythme lent de la respiration et de la paix des organes. Et les berceuses ont pour effet de donner un rythme à deux temps, alors que la vie est à trois temps, à quatre temps, à cinq temps. La berceuse est un rythme à deux temps qui correspond au tic-tac que l'enfant a entendu *in utero* du cœur de sa mère, de son propre cœur qu'il entend sur l'oreiller s'il est entendant. Et s'il n'est pas entendant, il a la perception des tic-tac de son cœur tout de même, il a eu la perception de son cordon ombilical qui battait sous sa main quand il le touchait. Donc c'est ce retour à deux temps, ces deux temps rythmés, signe de base de la vie végétative. Il faut retrouver quelque chose d'analogue à la berceuse pour un enfant sourd, ne serait-ce que le bercement qui, pour tous les enfants, qu'ils soient entendants ou sourds, correspond à la sensation de plaisir fœtal qu'ils retrouvent.

D. M. L. : En ce qui concerne le mot « non », la négation. Pour toi, c'est un mot important ?

F. D. : Oui, parce que c'est celui qui crée le sujet, par rapport à l'objet. C'est la dénégation « A pas, pas moi », et ça veut dire : « Pas moi, toi ». Il y a une distance, et ce mot crée le sujet dans un corps, qu'on peut appeler un objet tout de même. Mais c'est un sujet qui ne veut pas que l'autre sujet communique au point de la confusion des corps, la confusion des perceptions.

D. M. L. : Donc c'est un mot à « signer » (coder en langue des signes), également ?

F. D. : Sûrement, naturellement, et que la mère généralement emploie dès le début. Il y a deux mots que les mères disent tout le temps aux enfants, c'est : « Ah, non » ou « Attends ». Les enfants entendent « Attends » et « Ah non ». « Ah non » en français, c'est comme si elles disaient le petit de l'âne ! « Ah non », « Pas ça », « Ah touche pas », il y a du « pas », il y a du « non », il y a du « attends ». C'est la purée de signifiance entre l'enfant et sa maman.

D. M. L. : De la purée ?

F. D. : De la purée de mots, purée de sens que

l'enfant peu à peu discrimine comme étant accompagnée de sentiments de sa mère. Alors, évidemment, ces mots-là, il faudrait que la mère les code très tôt avec les enfants sourds parce que ce sont des mots auxquels on ne pense pas. Si on mettait un microphone dans la chambre du bébé avec quatre ou cinq mamans, et qu'ensuite on analyse ce qui est sorti le plus souvent, je crois qu'on trouverait : « Ah non », « Pas ça », et « Attends ».

D. M. L. : Tout ça est inhibant finalement.

F. D. : Ce n'est pas inhibant, ça veut dire : « L'autre, mais pas moi », ça crée justement un autre différent de soi avec qui on est en relation[13].

D. M. L. : Est-ce qu'il y a d'autres mots qui te paraissent fondamentaux ?

F. D. : Le prénom est fondamental. C'est pour ça que c'est si mauvais qu'un enfant soit appelé de surnoms de chat ou de chien, ou qu'on déforme son prénom, parce que quand il commence à parler – je parle des entendants –, l'enfant déforme son prénom. Donc, il y a le prénom à dire d'une façon claire et même signifié par la bouche d'une façon claire par la mère pour un enfant entendant, c'est très important le prénom.

D. M. L. : Et il doit être signifié aussi à un enfant non entendant ?

F. D. : Oui, peut-être plus dans le signe de sa bouche, et qui ne soit pas un petit mot d'amour à la place de son prénom. Il faut que l'enfant puisse entendre son prénom, en avoir l'entendement – quand je dis « entendre » c'est pas toujours auditif –, que ça le concerne, que c'est de lui qu'il est question.

D. M. L. : Peut-être pourrais-tu dire quelque chose sur donner le biberon, qui pourrait être précisément un corps à corps mais où il y a l'introduction d'une distance par la parole et le geste.

F. D. : Oui. La mère doit coder qu'elle prépare le biberon en le montrant, en montrant qu'elle le remplit, et le rapporte avec du lait dedans. Elle le montre vide, elle le montre avec du lait, puis elle le lui donne, et après elle dit : « Tu as fini ton biberon. » Il faut dire le mot, il faut qu'il voie le biberon être une chose, laquelle devient le récipient de ce qui va lui donner le plaisir et la satisfaction de sa faim, et qu'après on puisse lui signifier : « C'est fini, il n'y en a plus. » Il y a le « y en a plus », « a plus » que les mères disent, et que l'enfant très tôt dit « a pu ». Voilà, les enfants entendants quand ils ont fini quelque chose, il y a « fini » et « a pu », et c'est parce que la mère le dit à l'occasion du biberon.

D. M. L. : Peux-tu préciser ces notions de désir et de besoin ?

F. D. : Justement, c'est ça : le besoin c'est terminé, et le désir continue. C'est fini quant au besoin, mais c'est pas fini quant au désir. « À plus » quant à la médiation matérielle entre la mère et l'enfant, mais il y a encore les caresses, la parole, le plaisir, le sourire, et tout ça continue. « À plus » concerne la matérialité du lien mais le lien symbolique affectif continue.

D. M. L. : Pour ce qui est des autres satisfactions des besoins du corps, est-ce que tu ne crois pas que l'enfant sourd pourrait être, plus qu'un autre enfant encore, dans la confusion ?

F. D. : Plus, je ne crois pas, non. Peut-être qu'un enfant sourd doit, plus tôt qu'un enfant entendant, être éveillé à l'adresse manuelle et à la discrimination du jeu de ses doigts les uns par rapport aux autres. D'abord parce que ça l'aidera pour la langue des signes, et ensuite parce que ça l'aidera a déplacer le faire du sphincter bouche ou du sphincter anus sur le sphincter imaginaire et symbolique que sont nos mains. Alors c'est possible que ce que j'ai décrit dans ce qu'on appelle « l'image du corps[14] », la bouche qui se vit dans la main et la main-bouche, et puis la main qui est un sphincter fabriquant, comme modelant de la terre c'est, pour l'enfant, les sensations qu'il a à son corps, dans la figure : la bouche, et dans le périnée : l'anus qui travaillent la matière. Et peut-être qu'il faut, plus tôt qu'à un autre, montrer à un enfant sourd qu'il a ce moyen-là de parler, de s'exprimer par ce qu'il fait avec ses mains. Parce qu'un enfant qui fait beaucoup avec la bouche n'est pas stimulé à faire avec les mains quand on comprend les phonèmes qu'il dit. Tandis que l'enfant qui n'a pas de phonèmes s'exprime par le dessin, par le modelage, par son adresse manuelle sur les choses, en montrant une chose à sa mère, en y touchant, et la mère aussi en lui signifiant par le toucher, par ce qu'elle fait avec les mains, ce qu'elle veut lui faire comprendre. Les mains, qui sont importantes pour tous les humains, sont particulièrement à éduquer chez les enfants sourds, très tôt. On risque, avec l'enfant sourd, de l'attirer trop à regarder la figure de la mère – ce qu'il fait pourquoi pas assez volontiers –, mais on risque que ses mains ne servent plus que de poings à taper ou d'objets partiels de son corps pour agir sur la matière. Il faut donc très tôt inclure les mains dans la signifiance humaine des variations.

D. M. L. : Il faut dire la surdité à l'enfant lui-même.

F. D. : Oui. Il faut qu'il sache qu'il n'entend pas, qu'il n'a pas des repères comme sa mère en a, par exemple, quand la maman entend le père qui rentre avec sa voiture. Elle se prépare à le recevoir, elle va ouvrir la porte et le père apparaît, et ce n'est pas étonnant que l'enfant sourd, si on ne lui a rien expliqué, s'il est déjà capable de marcher, aille ouvrir la porte quand il désire voir son père. Et il se sent minable de ne pas le faire apparaître alors que sa mère, elle, le fait apparaître quand elle veut. Elle doit lui expliquer qu'elle a entendu avec les oreilles et que lui non, il ne peut pas entendre avec les oreilles, elle a entendu le papa qui arrivait avec la voiture et lui fait signe de la voiture, qu'il est là, qu'il va monter l'escalier, qu'il va venir et qu'elle ouvre la porte. Alors, il comprend tout un cheminement, dans l'espace, du corps de son père qui vient, qui a été perçu à distance par sa mère, sinon l'enfant vit comme un impuissant au milieu de tout le monde magique, et puissant magiquement. C'est indispensable de dire à l'enfant sa non-perception de ces signes-là.

NOTES

1. Bernard This, psychanalyste, familier de F. Dolto, étant très féru de langue et d'étymologie, il n'est pas étonnant que F. Dolto lui ait attribué la paternité de ce jeu de langage. En réalité, ce mot, contraction de « parler » et de « être » est une création de Jacques Lacan.

2. Allusion aux lettres que les parents en difficulté lui envoyaient et auxquels elle répondait au cours de l'émission quotidienne de France Inter, *Lorsque l'enfant paraît*.

3. Voir note 2. F. Dolto disait qu'en demandant aux parents de leur expliquer dans une lettre détaillée les difficultés qu'ils avaient avec leur enfant, cela leur permettait de faire eux-mêmes un travail de compréhension, et qu'ainsi « ils s'aidaient eux-mêmes ».

4. F. Dolto a accepté de venir enregistrer ces propos sur un plateau de télévision, dans le cadre d'une émission que j'animais alors, intitulée : *Les enfants et nous*.

5. Cet entretien était, à l'origine, destiné à une diffusion télévisée. Voir préface.

6. *Fioretti* est le titre d'un recueil anonyme du XIVe siècle qui retrace la légende de François d'Assise.

7. Cet article est paru dans *Les Temps modernes*, n° 77, 1952. Il a été réédité sous le même titre et sous la forme d'un petit volume par Pin-Balma, Sables, 1994.

8. Voisine de l'Institut des jeunes sourds, situé 254, rue Saint-Jacques à Paris, F. Dolto pouvait observer le comportement et la gestuelle de ces enfants et adolescents dans la cour de récréation. Elle était très intéressée par leur façon d'émettre des sons

et des cris. Sollicitée par des enseignants de cet Institut, elle a travaillé avec eux au cours de nombreuses réunions, d'où seront issues les associations CPENE et AEC dont il sera question dans les pages suivantes.

9. Dans *Solitude*, « Isolement sensoriel : sourds et aveugles », F. Dolto explique l'intérêt qu'elle a porté aux enfants sourds et les projets qui en ont découlé (Gallimard, 1994, p. 342).

10. Cette maison Arc-en-Ciel a été ouverte après le décès de F. Dolto. Conçue sur le modèle de la Maison verte, elle réunissait, pour accueillir parents et enfants, des adultes sourds et entendants. Elle a fonctionné pendant trois ans.

11. F. Dolto fait référence ici aux réactions physiques et émotionnelles extrêmement violentes d'une amie chilienne qu'elle hébergeait au moment où un tremblement de terre dévastait ce pays, alors que les médias n'en donnaient pas encore l'information.

12. Il s'agit d'une part de la langue des signes, qui est une véritable langue, où chaque mot est exprimé par un ou plusieurs gestes de la main. Mais il existe d'autre part une lecture labiale (sur les lèvres) qui peut être accompagnée de gestes des doigts effectués près de la bouche et qui viennent discriminer certains sons.

13. On notera que dans ce contexte, où l'accent est mis sur la distinction des sujets, la mise à distance des corps et des « besoins rois », F. Dolto confère à l'expression « Attends » une valeur positive, ce qui n'était pas le cas dans l'entretien « Le pouvoir de la parole ».

14. Voir F. Dolto, *Le sentiment de soi. Aux sources de l'image du corps*, Gallimard, 1997.

INDICATIONS BIBLIOGRAPHIQUES

OUVRAGES DE FRANÇOISE DOLTO
PUBLIÉS AUX ÉDITIONS GALLIMARD

Articles et conférences :
1. *Les étapes majeures de l'enfance*
2. *Les chemins de l'éducation*
3. *Tout est langage*
4. *La difficulté de vivre*
5. *Le féminin*
6. *Une psychanalyste dans la cité. L'aventure de la Maison verte*

Essais :
Solitude
Sexualité féminine. La libido génitale et son destin féminin
Le sentiment de soi. Aux sources de l'image du corps

Entretiens :
1. *Destins d'enfants – Adoption, Familles d'accueil, Travail social* (Entretiens avec Nazir Hamad)
2. *Les Évangiles et la foi au risque de la psychanalyse ou La vie du désir* (en collaboration avec Gérard Sévérin)
3. *L'enfant, le juge et la psychanalyste* (Entretiens avec Andrée Ruffo)
4. *Les images, les mots, le corps* (Entretiens avec Jean-Pierre Winter)

Correspondance :

Lettres de jeunesse. Correspondance (1913-1938) (en collaboration avec Colette Percheminier), édition revue et augmentée, 2003

Françoise Dolto, une vie de correspondances, 1938-1988

Séminaire :

La vague et l'océan. Séminaire sur les pulsions de mort (1970-1971)

Archives de l'intime, dir. Colline Faure-Poirée, édition Yann Potin, textes de Françoise Dolto, Catherine Dolto, Muriel Djéribi-Valentin, Manon Pignot, Jean-Pierre Winter, Gallimard, 2008.

Dans la collection « Folio Essais » :

Les chemins de l'éducation

Les étapes majeures de l'enfance

Sexualité féminine. La libido génitale et son destin féminin

Solitude

Tout est langage

Ouvrages sur Françoise Dolto, hors collection :

Les deux corps du Moi. Schéma corporel et image du corps en psychanalyse, Gérard Guillerault.

Françoise Dolto, c'est la parole qui fait vivre. Une théorie corporelle du langage. Sous la direction de Willy Barral, et avec la participation de Marie-Claude Defores, Didier Dumas, Yannick François, Gérard Guillerault, Heitor O'Dwyer de Macedo, Juan-David Nasio.

Françoise Dolto, aujourd'hui présente. Actes du colloque de l'Unesco, 14-17 janvier 1999. Ouvrage collectif.

Le miroir et la psyché, Dolto, Lacan et le stade du miroir, Gérard Guillerault

AU MERCURE DE FRANCE

Dans la collection « Le Petit Mercure » :
L'enfant dans la ville
L'enfant et la fête
Parler de la mort
Le dandy, solitaire et singulier
Jeu de poupées
Père et fille. Une correspondance 1914-1938
Parler juste aux enfants (entretiens avec Danielle Marie Lévy)
Kaspar Hauser, le séquestré au cœur pur, suivi de *Kaspar Hauser* par Anselm von Feuerbach
Parler de la solitude

AUX ÉDITIONS GALLIMARD JEUNESSE

Paroles pour adolescents ou Le complexe du homard (avec Catherine Dolto, en collaboration avec Colette Percheminier)

CHEZ D'AUTRES ÉDITEURS

Le cas Dominique, Le Seuil, coll. « Le champ freudien », 1971 ; coll. « Points Essais », 1974
Psychanalyse et pédiatrie, Le Seuil, 1971 ; coll. « Points Essais », 1976
Lorsque l'enfant paraît, tomes 1, 2, 3, Le Seuil, 1977, 1978, 1979 ; tomes 1, 2, 3 reliés, Le Seuil, 1990
Au jeu du désir. Essais cliniques, Le Seuil, 1981 ; coll. « Points Essais », 1988
Séminaire de psychanalyse d'enfants, tome 1 (en collaboration avec Louis Caldaguès), Le Seuil, 1982 ; coll. « Points Essais », 1991

L'image inconsciente du corps, Le Seuil, 1984; coll. « Points Essais », 1992

La cause des enfants, Laffont, 1985; Pocket, 1995

Séminaire de psychanalyse d'enfants, tome 2 (en collaboration avec Jean-François de Sauverzac), Le Seuil, 1985; coll. « Points Essais », 1991

Enfances (photographies Alecio de Andrade), Le Seuil, 1986; coll. « Points Actuels », 1988

Dialogues québécois (en collaboration avec Jean-François de Sauverzac), Le Seuil, 1987

L'enfant du miroir, Françoise Dolto, Juan-David Nasio, Rivages, 1987; Payot, 1992

La cause des adolescents, Laffont, 1988; Pocket, 1997

Inconscient et Destins. Séminaire de psychanalyse d'enfants, tome 3 (en collaboration avec Jean-François de Sauverzac), Le Seuil, 1988; coll. « Points Essais », 1991

Quand les parents se séparent (en collaboration avec Ines Angelino), Le Seuil, 1988

Autoportrait d'une psychanalyste (1934-1988) (en collaboration avec Alain et Colette Manier), Le Seuil, 1989; coll. « Points Actuels», 1992

FRANÇOISE DOLTO

Françoise Dolto, née Marette, naît à Paris le 6 novembre 1908. Études classiques. Thèse de médecine en 1939 : « Psychanalyse et pédiatrie ». Membre fondateur de la Société psychanalytique de Paris (1939), membre fondateur de la Société française de Psychanalyse, ensuite cofondatrice, avec Jacques Lacan, de la célèbre École freudienne de Paris.

En 1942, elle épouse Boris Dolto. Ils auront trois enfants (Jean Chrysostome dit *Carlos*, Grégoire et Catherine).

Françoise Dolto est mondialement connue pour ses travaux : séminaires, essais cliniques, communications, en particulier ceux qui traitent de psychanalyse d'enfants. Elle est une figure populaire depuis qu'elle a animé une émission quotidienne sur France Inter au cours de laquelle elle répondait en direct aux lettres des parents qui lui confiaient leurs problèmes d'éducation des enfants. La création de la première Maison verte (dans le XVe arrondissement de Paris) fait d'elle une pionnière : elle inaugure, sur le terrain, une initiation précoce de l'enfant à la vie sociale.

Françoise Dolto est décédée le 25 août 1988.

DANIELLE MARIE LÉVY

Danielle Marie Lévy est psychanalyste, cofondatrice avec Françoise Dolto de l'association AEC (Association enfance communicante).

Elle a dirigé l'ouvrage collectif *Sexualité et écriture*, et est l'auteur de *Du corps à l'âme*, avec Suzanne Képès, ouvrages publiés aux éditions de L'Harmattan.

TABLE

Dans la même collection

Capote, Truman, *L'invité du jour*
Carême, Antonin, *Le pâtissier pittoresque*
Catherine de Russie, *L'éloge du sang-froid*
Champfleury, *Le chien des musiciens*
Cioran, *Cahier de Talamanca – Ibiza*
Cocteau, Jean, *Lettres à sa mère*, 1906-1918
Collectif, *Alcools du Monde*
Collectif, *Chirico/Vitrac*
Collectif, *Hymnes à la Terre-Mère.*
Collectif, *Hymnes au Masculin*
Collectif, *Picasso/Reverdy*
Collectif, *Vins d'ailleurs*
Collectif, *Vins de France*
Collectif, *Vlaminck/Carco*
Cortázar, Julio, *L'autoroute du Sud*
Crébillon, *La Nuit et le Moment*
Cros, Charles, *Grains de sel et autres poèmes*

Daudet, Alphonse, *La Doulou.*
Deffand, Mme du, *À Horace Walpole*
Delerm, Philippe, *Monsieur Spitzweg s'échappe*
Desbiolles, Maryline, *Manger avec Piero*
Diderot, Denis, *Ceci n'est pas un conte*
Dolto, Françoise et Lévy, Danielle Marie, *Parler juste aux enfants*
Dolto, Françoise, *Jeu de poupées*
Dolto, Françoise, *Kaspar Hauser, le séquestré au cœur pur*
Dolto, Françoise, *Le dandy, solitaire et singulier*
Dolto, Françoise, *L'enfant dans la ville*
Dolto, Françoise, *L'enfant et la fête*

Dolto, Françoise, *Parler de la mort*
Dolto, Françoise, *Parler de la solitude*
Dolto, Françoise, *Père et fille. Une correspondance, 1914-1938*
Dubillard, Roland, *Si Camille me voyait...*
Dumas, Alexandre, *À propos de l'art dramatique*
Dumas, Alexandre, *Blanche de Beaulieu*
Dumas, Alexandre, *Delacroix*
Dumas, Alexandre, *Herminie*
Dumas, Alexandre, *Histoire d'un lézard*
Dumas, Alexandre, *Le pays natal*
Dumas, Alexandre, *Lettres sur la cuisine à un prétendu gourmand napolitain*
Dumas, Alexandre, *L'invitation à la valse*
Dumas, Alexandre, *Mes infortunes de garde national*

Fabre, Jean-Henri, *Sur le Ventoux. L'Ammophile hérissée*
Faulkner, William, *Evangeline*
Félibien, André, *Relation de la fête de Versailles*
Fénéon, Félix, *Nouvelles en trois lignes, t.1*
Fénéon, Félix, *Nouvelles en trois lignes, t.2*

Genlis, Mme de, *De l'esprit des étiquettes de l'ancienne cour et des usages du monde de ce temps*
Grimm, Jacob et Wilhelm, *Les deux frères*
Grimm, *Lettres des Lumières*
Grimod de la Reynière, *Almanach des gourmands*
Guyon, Madame, *Le Moyen court*

Hearn, Lafcadio, *Kwaidan* ou *Histoires et études de choses étranges*

Hemingway, Ernest, *La grande rivière au cœur double*
Hoffmann, E.T.A., *Conte véridique*

Kleist, Heinrich von, *Le duel*

La Fayette, Mme de, *La Princesse de Montpensier*
La Grande Mademoiselle, *Mémoires*
La Motte-Fouqué, Frédéric de, *La Mandragore*
Lawrence, D.H., *La Princesse*
Le Clézio, J. M. G., *Le jour où Beaumont fit connaissance avec sa douleur*
Lespinasse, Julie de, *Mon ami je vous aime*
Loti, Pierre, *Vies de deux chattes*
Louis XIV, *Manière de montrer les jardins de Versailles*
Lubert, Mlle de, *La princesse Camion*
Luzel, F.M., *Le chat noir*

Mac Orlan, Pierre, *Petit manuel du parfait aventurier*
Madame d'Aulnoy, *Altière séduction*
Margrave de Bayreuth, La, *Une enfance à la cour de Prusse*
Marie-Thérèse d'Autriche, *Madame ma chère fille*
Mérimée, Prosper, *Le carrosse du Saint-Sacrement*
Michel, Louise, *Lettres à Victor Hugo*
Michelet, Jules, *Le rossignol*
Modiano, Patrick, *Éphéméride*
Montagu, Lady M. W., *L'Islam au cœur*
Moüette, Germain, *Relation de captivité dans les royaumes de Fez et de Maroc*
Musset, Alfred de, *Gamiani ou deux nuits d'excès*

Nimier, Marie, *Un enfant disparaît*
Noguez, Dominique, *Saut à l'élastique dans le temps*
Novalis, *Journal intime*

Passard, Alain et Thomas, Chantal, *Jardinière Arlequin*
Pidou de Saint-Olon, François, *État présent de l'empire de Maroc*
Pölnitz, Monsieur de, *La Saxe galante*

Recettes littéraires : Cocktails, boissons chaudes et fraîches
Recettes littéraires : Crustacés, poissons de rivière et de mer
Recettes littéraires : Gibiers, volailles, viandes
Recettes littéraires : Hors-d'œuvre froids et chauds, potages
Recettes littéraires : Œufs, pâtes, apprêts de légumes
Recettes littéraires : Pâtisseries, entremets, confiseries
Renard, Jules, *La lanterne sourde*
Richelieu, Maréchal de, *Au risque de la volupté*
Rimbaud, Arthur, *Le lieu et la Formule*
Roi Salomon, *Le Cantique des cantiques*
Roland, Mme, *Lettres à une amie d'enfance*
Rousseau, Jean-Jacques, *Lettres élémentaires sur la botanique*

Sade, D.A.F. de, *L'ogre Minski*
Scudéry, Madeleine de, *Promenade de Versailles*
Semprun, Jorge, *Les sandales*
Staal-Delaunay, Mme de, *Mémoires de jeunesse*

Staël, Mme de, *Réflexions sur le procès de la reine par une femme*
Swift, Jonathan, *Instructions aux domestiques*

Tanizaki, Junichirô, *Le pied de Fumiko*
Tencin, Mme de, *Mémoires du comte de Comminge*
Thomas, Chantal et Passard, Alain, *Jardinière Arlequin*
Thomas, Chantal, *L'île flottante*
Thoreau, Henry David, *Journal* (1837-1852)
Tieck, Ludwig, *La coupe d'or*
Tolstoï, Léon, *Le cheval*
Tourgueniev, Ivan, *Le journal d'un homme de trop*
Tourgueniev, Ivan, *Moumou*
Tsvétaïéva, Marina, *Mon frère féminin.*
Twain, Mark, *Le meurtre de Jules César en fait divers*

Valdés, Zoé, *Ilam perdu*
Verlaine, Paul, *Filles, Femmes et autres chansons*

Walpole, Horace, *Contes hiéroglyphiques*
Walpole, Horace, *Essai sur l'art des jardins modernes*
Weiss, Allen S., *Autobiographie dans un chou farci*
Weiss, Allen S., *Comment cuisiner un phénix*

Réalisation Pao : Dominique Guillaumin

Achevé d'imprimer
par CPI - Hérissey à Évreux (Eure)
en octobre 2008.
Imprimé en France

Premier dépôt légal : octobre 2002
Dépôt légal : octobre 2008
N° d'imprimeur : 109833

164865